ÉLOGE FUNÈBRE
D'UNE MATRONE ROMAINE

(ÉLOGE DIT DE TURIA)

PRÉFACE

Cette laudatio *nous dit les étonnants mérites d'une femme qui fut héroïque et vertueuse. L'histoire est cornélienne, puisque cette épouse risque de sacrifier au devoir sa vie, puis son bonheur conjugal. Balzacienne plus encore ; on imagine le romancier, dans un de ces débuts où il remonte aux antécédents de ses personnages, mettant en scène un jeune conspirateur qui fuit la tourmente révolutionnaire ou la conscription impériale, tandis que de loin une fiancée procédurière le seconde d'un dévouement audacieux; on retrouverait ces héros, vieux et paisible ménage, à Limoges ou à Provins.*

Il y a longtemps que je souhaitais publier une édition de ce texte célèbre, c'est-à-dire bien et mal connu. Bien connu, parce que, depuis le mémoire que Mommsen lui consacra en 1863, il a été plusieurs fois étudié et qu'on le cite volontiers. Mal connu, parce qu'il n'a jamais été traduit en entier et qu'on peut ajouter au commentaire de Vollmer.

Ce texte, par la diversité des questions qu'il soulève, permet une enquête d'une extrême variété et sans cesse instructive. La mutilation du document forcera d'attendre encore de découvertes ultérieures toujours possibles la solution de bien des problèmes ; entre autres je pense à l'identification des personnages, car on ne peut plus voir en eux

Vespillo et Turia. Pourtant sur divers points — histoire de la laudatio *en général et de celle-ci en particulier, place et importance des lacunes, prosopographie, droit, plan, langue, style — j'ai proposé des explications nouvelles. Surtout je voudrais avoir prouvé que ce texte, placé par sa date quasi au centre de la latinité, est romain par excellence. Alors que l'hellénisme avait créé un latin littéraire, oratoire dans la prose, savant dans la poésie, la* laudatio funebris *était restée dans sa simplicité sans tact un genre proprement latin. Quand Rome était dans la force de l'adolescence, la* laudatio *avait « loué » avec orgueil les consulaires ; maintenant elle « louait » une matrone, mais avec le même style maladroit et direct. Qui cherche le tuf romain le touche là : procès, patrimoine, courage, famille, et pour les dieux une ligne sur cent quatre-vingts.*

AVERTISSEMENT POUR LE SECOND TIRAGE

Nous avons volontiers accepté comme un devoir de piété à l'égard d'un maître disparu de revoir pour une réédition cet « Éloge funèbre d'une matrone romaine ».

Pour ce qui est du texte, nous avons respecté le parti adopté par Marcel Durry qui consistait à s'en tenir aux compléments figurant dans le *C.I.L.*, dans la mesure où le texte imprimé dans le *Corpus* constituait une « vulgate », comme il le disait lui-même dans son Introduction, p. LIII, note 4. Nous sommes resté fidèle à ce parti, même lorsque cette « vulgate » fait évidemment problème, comme elle paraissait déjà le faire à l'éditeur il y a près d'un demi-siècle, par exemple en II,52 ou II,55 (cf. le commentaire *ad locum*, p. 59). Nous avons de même respecté les choix librement faits par Marcel Durry en complément des énoncés fournis par le fragment de la Via Portuense (II,2a-11a), sans pour autant les approuver tous. Et, bien entendu, nous avons réintégré dans le texte édité le fragment (fragment F : II,1-9) découvert par Arthur E. Gordon dans les réserves du Musée des Thermes à l'époque où s'imprimait l'édition de Marcel Durry. Belle leçon d'humilité au demeurant pour les philologues, puisque sur les neuf fins de lignes procurées par ce fragment F une seule donne entièrement raison aux restitutions proposées par Mommsen, alors que deux autres seulement en sont proches !

Nous signalons en addendum bibliographique l'essentiel des études parues depuis 1951 sur ce texte ou sur *la laudatio funebris*. Nous n'avons cependant pas jugé bon d'intégrer dans le commentaire ni dans l'*Introduction* les principaux apports de ces travaux, parmi lesquels on signalera particulièrement l'édition critique, traduite et commentée, procurée par E. Wistrand en 1976. Le lecteur retrouvera donc sans altération l'étude magistrale rédigée par Marcel Durry en introduction à son édition, avec ce ton, cette élégance qui étaient sa marque personnelle.

Nous avons pris avec la traduction qu'il avait proposée un peu plus de liberté, notamment vis-à-vis de formulations parfois vieillies, ou pour tenir compte en ce domaine de la tendance actuelle de la philologie à se tenir au plus près des énoncés originaux. Puissent les mânes de notre maître ne pas s'en émouvoir et n'y reconnaître qu'un effort, certes lui-même imparfait, en vue d'améliorer encore son œuvre.

S. L.

ADDENDUM BIBLIOGRAPHIQUE

CUTOLO (P.), *Sugli aspetti litterari, poetici e culturali della cosidetta Laudatio Turiae*, dans *Annali della Fac. di Lettr. di Napoli*, XXXVI, 1983-1984, p. 33-65.

DELLA CORTE (F.), *Il nuovo frammento F della Laudatio uxoris*, dans *Giornale Italiano di Filologia*, IV, 1951, p. 226-230.

HORSFALL (N.), *Some Problems in the Laudatio Turiae*, dans *Bulletin of the Inst. of Class. Studies, Univ. of London*, 30, 1983, p. 85-98.

KIERDORF (W.), *Laudatio funebris. Interpretationen und Untersuchungen zur Entwicklung der römischen Leichenrede* (Beitr. zur klass. Philol., CVI), Meisenheim am Glan, 1980, IX + 176 p.

PEPPE (L.), *Turia. Funzione riproduttiva e funzione educatrice della donna romana*, dans *Posizione giuridica e ruolo sociale della donna romana in età repubblicana*, Milan, Giuffrè, 1984.

SAFAREWICZ (J.), *Laudatio Turiae* (en polonais, résumé en latin), dans *Meander*, XXXIV, 1979, p. 71-81.

TAÏFAKOS (I. G.), *Laudatio Turiae II O*, dans *Parnassos* (Athènes), XXXV, 1983, p. 770-775.

WISTRAND (E.), *The so-called Laudatio Turiae. Introduction, Text, Translation, Commentary* (Acta Univ. Gothoburg., Studia Graeca et Latina XXXIV) Göteborg, 1976, 79 pages, 7 planches.

INTRODUCTION

I

LA LAVDATIO *FVNEBRIS*

OBSÈQUES ET *LAVDATIO*

La mort est silence, mais Rome enterrait en fanfare[1]. A peine avait-on cueilli le dernier souffle et fermé les pauvres yeux que la *conclamatio*[2], accompagnée de ce qui tenait lieu de trombones[3], faisait retentir le nom et que les pleureuses remplissaient l'appartement de leurs lamentations scandées et séculaires. Des commissionnaires allaient de porte en porte crier les obsèques et en tête du convoi mar-

1. Il semble qu'il s'agisse d'un tam-tam destiné à chasser les mauvais esprits ; cf. R. Hertz, *La représentation collective de la mort* dans *l'Année Sociologique*, X, 1905-06, p. 57 et n. 1 ; P. Sartori, *Sitte und Brauch*, I, Leipzig, 1910, p. 131 ; E. Samter, *Geburt, Hochzeit und Tod*, Leipzig-Berlin, 1911, p. 58 et suiv. ; E. Jobbé-Duval, *Les morts malfaisants*, Paris, 1924, *passim;* Sir James Frazer, *La crainte de la mort*, 2e série, Paris, 1935, p. 7. Mais certains savants pensent que tout ce bruit est une expression naturelle de la douleur, qui ne s'est transformée qu'ensuite en rite et cérémonie ; cf. K. Meuli, *Entstehung und Sinn der Trauersitten*, dans le *Schweiz. Archiv. für Volkskunde*, XLIII, 1946, p. 91 et suiv.

2. J. Marquardt, *Vie privée*, I, p. 398-450 ; E. Cuq, dans le *Dict. Ant. s.u. funus*, p. 1386-1409 ; H. Blümner, *Privataltertümer*, p. 482-511.

3. On en discute ; E. Cuq, *loc. cit.*, p. 1387 *in fine* ; H. Blümner, *loc. cit.*, p. 483, n. 6.

chait une musique[1]. Tandis que la famille ululait[2], la *praefica* dominait les plaintes pour faire entendre, avant les litanies impersonnelles de la *nenia*[3], une vocifération composée à la louange du défunt[4].

Fundite fletus,
edite planctus,
resonet tristi
clamore forum[5].

Il n'y avait pas seulement le bruit. Le spectacle était rehaussé par les parfums et les odeurs ; par les couleurs aussi : torches, vêtements noirs[6], maquillages, bûchers peints ; par des acteurs qui portaient comme masques les *imagines* décrochées de *l'atrium* et personnifiaient les ancêtres en une mascarade macabre, à quoi ressemblent ces expositions de corps dessé-

1. Aux *tibicines, tubicines, cornicines* se joignent des musiciens réservés aux seuls enterrements, les *siticines* (Non., 54, 20), nom qui disparut de bonne heure de l'usage. On ne peut oublier la fin du festin de Trimalcion (Petr., 78, 5-6) : *consonuere cornicines funebri strepitu. Vnus praecipue seruus libitinarii... tam ualde intonuit ut totam concitaret uiciniam.*

2. Ov., *her.* 15, 114, *exululare* ; [Quint.] *decl.* 8, 10, *exequias planctibus, clangore magnoque semper inquietamus ululatu* ; J. Marouzeau, *Récréations latines*, Paris, 1940 ; cf. les p. 34, 54, 93 de ce divertissement fondé sur beaucoup de science et où les exercices proposés aux lycéens sont autant de sujets de thèse.

3. H. de la Ville de Mirmont, *Etudes sur l'ancienne poésie latine*, Paris, 1903 ; en part. p. 391 et suiv. ; A.G. Amatucci, *Neniae et laudationes funebres*, dans la *Riv. di Filol. ed Ist. Publ.*, 1904, p. 625 ; J.H. Heller, *Nenia* dans les *Trans. and Proceed. Am. Phil. Ass.*, LXXIV, 1943, p. 219-268 ; N.I. Herescu, dans la *Rev. Et. lat.*, XXV, 1947, p. 74-76. Une coutume semblable paraît s'être maintenue en Roumanie ; cf. *Les Chants du Mort*, recueillis par C. Brailoïu, trad. par J. Lassaigne et I. Voronca, Paris, 1947.

4. C'est du moins ce que je suppose d'après le texte de Varron, cité par Non., 145, 25, *ibi a muliere quae optuma uoce esset perquam laudari* ; dein *neniam cantari solitam ad tibias et fides* ; cf. Varr., *l.l.* VII, 70. D'après Cic., *leg.* II, 62, la *nenia*, à l'époque des XII Tables, aurait « accompagné » (?) la *laudatio* prononcée par un membre de la famille. D'après Tac., *ann.* III, 5, 2, *defletum in foro, laudatum pro rostris*, en tout cas la *laudatio* ne venait qu'après les plaintes.

5. Sen., *Apoc.* 12, 3.

6. Tib., III, 2, 18 ; Ivv., 10, 245.

chés qu'on visite chez les *Capuccini* de Rome ou de Syracuse. Le bruit cependant dominait.

Déjà la loi des XII Tables avait en vain essayé d'y mettre une sourdine[1] ; Libitine aimait le bruit. Les convois traversaient le forum et le Novius d'Horace devait ses succès électoraux à la puissance d'un organe capable de dominer les cors et les trompettes de trois enterrements[2]. Pendant l'inhumation ou l'incinération, pendant le repas funèbre, la douleur se déchaînait avec une violence gémissante et cette violence devait reprendre au service de neuvaine. Du relief d'Aquila on entend encore sortir les flonflons des instruments à vent et les hurlements qui tordent les bouches[3]. Parents, esclaves, spécialistes à gages, tout n'était que cri. A telle enseigne qu'on opposait le *funus tacitum*[4], où la *sandapila*[5], civière des pauvres, était enlevée nuitamment sans pleurs et sans musique, à la cacophonie colorée du *funus indictiuum*, de l'enterrement de première classe, ou du *funus publicum*, des obsèques nationales[6]. Au

1. Cic., *leg.* II, 60 ; cf. Plvt., *Sol.* 21.
2. Hor., *sat.* I, 6, 43-44.
3. Trouvé à Amiternum et conservé à Aquila ; la découverte fut signalée *Not. Scavi*, 1879, p. 147, et publiée par C. Hülsen dans les *Röm. Mitt.*, V, 1890, p. 72-73, avec un dessin reproduit dans le *Dict. Ant. s.u. funus*, fig. 3361, dans N. Turchi, *La religione di Roma antica* (Storia di Roma XVIII), Rome, 1939, pl. II, nº 2 ; Franz Cumont, *Symbolisme funéraire des Romains*, Paris, 1942, pl. XIX ; cf. *Catal. Mostra Augustea*, Rome, 1937, p. 730, nº 52 ; *ibid.* p. 730, nº 48, un relief trouvé Via Latina, actuellement aux Thermes ; p. 732, nº 58, relief des Haterii, trouvé Via Labicana, actuellement au Latran.
4. Ov., *tr.* I, 33, 22; V, 1, 14 ; Sen., *tranq. an.* 1. 14.
5. Ernout-Meillet, *Dict. Etym.*, *s.u.*
6. Varr., *l.l.* V, 110 ; cf. P. Fest., 94, 17. Qu'il soit *tacitum* ou *indictiuum* (c'est-à-dire où l'on est convoqué par un *praeco*), le *funus* est *priuatum*, payé par les particuliers ou les associations. Le *funus publicum* (F. Vollmer, *De funere publico Romanorum*, dans les *Jahrbücher f. class. Phil.*, XIXter Supplementband, 1896, p. 319-364 ; liste complète pour Rome p. 326, n. 6), c'est-à-dire payé par l'État sur une décision du Sénat, fut à Rome assez rare. Il comportait évidemment la *laudatio* et ce que nous dirons d'elle concerne

milieu de la pompe tumultueuse, d'où la crainte d'une souillure bannissait les prêtres, la *laudatio* marquait une pause. Le cri laissait place à la parole.

***

De cette *laudatio funebris* aussi les Romains étaient en droit de dire : *tota nostra est*, car elle étonnait déjà Polybe qui la décrit longuement[1] et Denys d'Halicarnasse la déclarait Ῥωμαίων ἀρχαῖον εὕρεμα[2]. L'habitude grecque était différente.

aussi bien les obsèques publiques que privées. En Italie et dans les provinces (sur la coutume espagnole *uid. inf.*, p. XIX, n. 6) le *funus publicum* fut au contraire souvent voté aux célébrités locales (VOLLMER, *De funere publico*, p. 346-361). — Entre le *funus tacitum* et le *funus indictiuum* trouvait place l'enterrement moyen, sans *laudatio*, mais non sans bruit, tel que le décrit par ex. PROP., IV, 7, 23-24.

1. C'est sur la question le texte essentiel avec celui de Denys d'Halicarnasse cité à la note suivante. Les chapitres sont à lire en entier ; je n'en cite que l'essentiel. POL., VI, 53, 1, Ὅταν γὰρ μεταλλάξῃ τις παρ' αὐτοῖς τῶν ἐπιφανῶν ἀνδρῶν, ... κομίζεται μετὰ τοῦ λοιποῦ κόσμου πρὸς τοὺς καλουμένους ἐμβόλους εἰς τὴν ἀγορὰν...

(2) Πέριξ δὲ παντὸς τοῦ δήμου στάντος, ἀναβὰς ἐπὶ τοὺς ἐμβόλους, ἂν μὲν υἱὸς ἐν ἡλικίᾳ καταλείπηται καὶ τύχῃ παρών, οὗτος, εἰ δὲ μή, τῶν ἄλλων εἴ τις ἀπὸ γένους ὑπάρχει, λέγει περὶ τοῦ τετελευτηκότος τὰς ἀρετὰς καὶ τὰς ἐπιτετευγμένας ἐν τῷ ζῆν πράξεις.... 54 (1)... ὅ γε λέγων... ἄρχεται τῶν ἄλλων ἀπὸ τοῦ προγενεστάτου τῶν παρόντων, καὶ λέγει τὰς ἐπιτυχίας ἑκάστου καὶ τὰς πράξεις.

(Quand il décède chez eux un personnage considérable,... on l'accompagne en grande pompe au forum devant ce qu'on appelle les rostres... Tout le peuple debout faisant cercle, son fils monte aux rostres, s'il en laisse un qui soit en âge et se trouve présent, sinon un autre des membres de la *gens* ; il rappelle les vertus du mort et les grandes actions qu'il a accomplies durant sa vie... L'orateur (ensuite) se met à parler des autres personnes (de la famille dont les *imagines* sont) présentes en commençant par le plus ancien et rappelle les succès et les exploits de chacun).

2. DEN. HAL., V, 17, 2 (il s'agit de l'éloge de Brutus par Valerius). Εἰ μὲν οὖν Οὐαλέριος πρῶτος κατεστήσατο τὸν νόμον τόνδε Ῥωμαίοις, ἢ κείμενον ὑπὸ τῶν Βασιλέων παρέλαβεν, οὐκ ἔχω τὸ σαφὲς εἰπεῖν. Ὅτι δὲ Ῥωμαίων ἐστὶν ἀρχαῖον εὕρεμα, τὸ παρά τὰς ταφὰς τῶν ἐπισήμων ἀνδρῶν ἐπαίνους τῆς ἀρετῆς αὐτῶν λέγεσθαι, καὶ οὐχ' Ἕλληνες αὐτὸ κατεστήσαντο πρῶτον, παρὰ τῆς κοινῆς ἱστορίας οἶδα μαθών...

(Je ne puis dire avec certitude si Valerius inaugura cette coutume romaine ou si elle existait du temps des rois et s'il n'eut qu'à la reprendre. Mais que ce soit une invention des Romains, et ancienne, de faire à leurs funérailles l'éloge des grands personnages, et non une

Sans remonter au thrène[1] et aux plaintes sur lesquels se clôt *l'Iliade*, Athènes connaissait depuis les guerres médiques[2] l'ἐπιτάφιος λόγος, hommage officiel en l'honneur des hommes tombés au cours de chaque campagne[3]. Que ce soit dans Thucydide faisant parler Périclès[4] ou dans le pastiche qu'Aspasie a soufflé au Socrate du *Ménexène*[5] (et que Socrate a soufflé à Jean Giraudoux[6]), ou dans Hypéride, dont un papyrus nous a rendu le discours[7], nous retrouvons les thèmes consacrés de cet éloge d'apparat où l'orateur louait les morts, exaltait la cité d'Athèna, consolait les familles[8]. Cet éloge public, la tradition le voulait collectif, anonyme ; les sentiments égalitaires ne souffraient pas qu'on mît en vedette un citoyen ou une maison.

Pour la même raison pas de *laudatio* dans les enterrements privés. Les textes qui ont été invoqués

institution grecque, cela ressort avec évidence de l'histoire courante.)
Ensuite l'auteur des *Antiquitates* insiste sur le fait que les Romains ne louaient pas seulement ceux qui étaient tombés au combat, mais ceux qui par toute leur vie avaient bien servi la patrie.

1. M.P. Nilsson, *Geschichte der Totenklage*, dans les *Neue Jahrbücher*, XXVIII, 1911, p. 618 et suiv.
2. L. Weber, *Solon u. die Schöpfung der attischen Grabrede*, Francfort, 1935.
3. En dernier lieu G. Colin, *L'Oraison funèbre d'Hypéride* dans la *Rev. Et. gr.*, 1938, p. 209-266 ; 305-374 (cf. *C.R.Ac. Inscr.*, 1938, p. 253-268).
4. Thuc., II, 35-36 (en rapprocher Cic., *Phil.*, XIV, 29-35, éloge des morts de la guerre de Modène). M. Hélin (*Musée Belge*, 1924, p. 223 et suiv.) montre que Périclès fit servir les thèmes traditionnels aux desseins de sa politique.
5. Platon, *Ménexène*, éd. Méridier, Paris, Belles Lettres, 1931, p. 53 et suiv. ; P. Perrochat, *Les modèles grecs de Salluste*, Paris, 1949, p. 55, n. 4.
6. J. Giraudoux, *La guerre de Troie n'aura pas lieu*, Paris, 1936, p. 125 et suiv.
7. *Vid. sup.* n. 3.
8. Aux trois oraisons funèbres que je cite il faudrait ajouter celles de Gorgias, Lysias et Démosthène ; elles ont été l'objet de suspicions que G. Colin repousse ; sur celle de Lysias, J. Walz, dans le *Philol.*, Suppl. XXIX, Heft 4, 1936.

pour en prouver l'existence sont imprécis ou non pertinents[1]. Le panégyrique des rhéteurs et des historiens (depuis l'*Evagoras* d'Isocrate et l'*Agésilas* de Xénophon[2]), les inscriptions en prose et en vers, les riantes épitaphes du VIIe livre de l'*Anthologie*[3] sont tout autre chose. Tenons-nous-en à la formule de Denys d'Halicarnasse et au commentaire que Cicéron fait dans le *de legibus* des lois de Solon : *nec de mortui laude nisi in publicis sepulturis nec ab alio nisi qui publice ad eam rem constitutus esset dici licebat*[4]. Athènes la démocratique — et le monde grec en général — s'est méfiée de la *laudatio*. Rome l'aristocratique a ici innové. Le fait est assez rare — quoique certains aient voulu prouver le contraire — pour qu'en l'affaire on lui rende justice.

***

Cette *laudatio* romaine est gentilice[5]. Jamais dans nos sociétés la famille ne fait elle-même ces sortes de panégyriques ; par discrétion elle les laisse faire aux amis,

1. Par Ch. Lécrivain, dans le *Dict. Ant. s.u. funus*, col. 1379 n. 22 ; par ex. Dem., *Cor.* 288 concerne un ἐπιτάφιος λόγος.
2. G. Colin, *loc. cit.*, p. 260 : cf. M. Durry, dans éd. Pl., *Pan.*, Introd., p. 27, n. 2 ; p. 33, n. 2; cf. H. I. Marrou, *Hist. de l'Éducation dans l'Antiquité*, Paris, 1948, p. 123.
3. Sur leur sincérité, P. Waltz, dans *Anthologie* IV (VII, 1-363), Paris, Belles Lettres, 1938, Notice, p. 42.
4. Cic., *leg.* II, 65.
5. F. Vollmer, *Laudationum funebrium Romanorum et reliquiarum editio*, dans les *Jahrbücher f. class. Phil.*, XVIIIter Supplementband, 1892, p. 445-528°, envers qui j'ai une grosse dette (cité par la suite Vollmer) ; Schanz-Hosius, *Gesch. röm. Lit.* I, § 19, p. 38-39 ; cf. p. 618, 619, 622 ; P. J. Enk, *Handbook...*, I, Zutphen, 1928, p. 274-282 ; E. Cocchia, *La letteratura latina anteriore all' influenza ellenica*, Naples, III, 1925, p. 151, qui n'a pas d'ailleurs vu ce que la *laudatio* apportait à sa thèse ; A. Rostagni, *La letteratura di Roma repubblicana ed Augustea* (Storia di Roma XXIV), Bologne, 1939, p. 39 ; O.C. Crawford, *Laudatio funebris*, dans le *Class. Journ.*, XXXVII, 1941-42, p. 17-27 (réunion des données connues) ; E. Bignone, *Storia della letteratura latina*, 2e éd., Florence, 1946, p. 96 et 148.

plus libres d'ailleurs dans la louange. A Rome au contraire la parole est portée par le fils du défunt ou l'un de ses plus proches parents[1]. Il n'est que de relire le début de *La Cité Antique*[2] pour comprendre cet usage qui nous choque, qui choquait Dion de Pruse[3], mais qui s'est maintenu à travers toute l'histoire de Rome, depuis les hauts temps de la République jusqu'aux funérailles de la famille impériale.

Dans les *gentes* patriciennes dirigeantes[4] qui conservaient les masques des ancêtres[5] avec leurs *elogia*[6], la *laudatio* a dû naître pendant le repas qui terminait les obsèques, le *silicernium*[7]. L'orateur tenait à démontrer que le mort avait accru le renom de sa race[8]. Un jour il se sera trouvé un consul par exemple qui, ayant à faire l'éloge d'un père consu-

1. Pol., VI, 53, 2 (*uid. sup.* p. xiv, n. 1) ; Plvt., *Fab. Max.* 24, 4 ; Sen., *Marc.* 17, 8, *nihil uetat illos tibi suprema praestare et laudari te a liberis tuis.* Les exceptions (Vollmer, p. 454, n. 5) n'infirment nullement la règle, car toutes s'expliquent. C'est dans le cas du *funus publicum* qu'un magistrat fut mandaté pour prononcer la *laudatio* ; l'exemple le plus fameux est celui de Verginius Rufus qui eut la fortune de mourir l'année où Tacite était consul (Pl., *ep.* II, 1, 1 ; *uid. inf.* p. xli, n. 1).

2. Fustel de Coulanges, *La Cité antique*, 1re partie, ch. IV.

3. Dio, *or.* XXIX, 1.

4. F. Münzer, *Röm. Adelsparteien u. Adelsfamilien*, Stuttgart, 1920, p. 263, n. 1 ; W. Soltau, *Livius' Geschichtswerk*, Leipzig, 1897, ch. IX, Die Laudationenliteratur, p. 95-101 ; *uid. inf.* p. xcii.

5. Ces masques, elles les faisaient sortir les jours d'enterrement (*uid. sup.*, p. xii). C. Martha, *L'Eloge funèbre chez les Romains*, dans les *Etudes Morales...*, Paris, 1883, p. 1-59, « Le pauvre quirite, sans ouvrir un livre, pouvait voir à de certains jours l'histoire romaine passer dans la rue. » (p. 58.)

6. Ces *elogia* n'indiquaient que les noms, les titres et les triomphes ; Varron et Atticus en versifièrent sous le titre d'*imagines* (Pl., *nat.* XXXV, 11 ; Nep., *Att.* 18, 5). A quoi l'on peut rattacher les *elogia* qui ornaient les bases de certaines statues (cf. *Inscr. Italiae*, XIII, 3, *cur. Degrassi*, Rome, 1937).

7. Vollmer l'appelle (*addenda*, p. 528n) *laudatio priuata ad sepulcrum* ; *uid. inf.* p. xxii et lxxix. On peut rappeler ici la coutume des *carmina conuiualia* (Schanz-Hosius, I, § 10, p. 22-24).

8. P. Lejay, *Histoire de la Littérature latine*, I, Paris, 1923, p. 183 : « Car alors toute cette littérature avant la littérature est au service d'une seule passion, la gloire. »

laire, aura profité de son titre pour porter son éloge à la tribune[1]. Que la *laudatio* aux rostres *pro contione* soit ainsi sortie de la harangue prononcée dans le cadre familial, on en a la preuve dans des survivances attestées au début de l'Empire. Octavie fut « louée »[2] deux fois, par Auguste dans le temple de la *gens Iulia*, par Drusus au Forum[3] ; quand il y eut exceptionnellement deux *laudationes*, l'une était consacrée à la vie privée, l'autre à la vie publique[4]. Eloge dans le temple de la *gens*, éloge consacré à la vie privée, autant de souvenirs de l'éloge intime des plus anciens temps[5].

L'éloge gentilice devenant ainsi éloge public, la politique s'en mêle. Cette *laudatio* sortie de la *domus*, portée devant le peuple assemblé, assurait à la *gens* du mort une publicité plus vaste et donnait aux survivants la consolation de servir leurs desseins ou leur carrière. C'est ainsi que César prononça l'éloge de sa première femme Cornélie pour gagner par ce galant hommage les votes des âmes sensibles[6] et celui de sa tante paternelle Julie pour lancer son mot de passe vers la dictature, Marius-Vénus[7]. Les

1. Il fallait pour cela d'après DEN. HAL., *Ant.* IX, 54, 5, une permission du Sénat et plus tard de l'empereur (TAC., *ann.* III, 76, 3) ; *uid. inf.* p. LXXVIII. Mais VOLLMER, p. 452, croit qu'aucun texte ne permet de penser avec MOMMSEN, *Droit public*, I, p. 230 et n. 3 ; II, p. 83 et n. 2, que le droit de prononcer la *laudatio* ait été réservé aux seuls magistrats.

2. Je dirai souvent « louer » pour rendre l'emploi fréquent de *laudare* avec le sens spécial de « prononcer la *laudatio* funèbre de... » (par ex. SVET., *Iul.* 6, 2) ; on excusera le néologisme « laudateur » à l'imitation du latin *laudator* (par ex. LIV., II, 47, 11 ; PL., *ep.* II, 1, 6).

3. DIO, LIV, 35, 5.

4. DIO, LVI, 34, 4 ; cf. XLIV, 36, 1.

5. C'était par un processus comparable que les cultes gentilices s'étaient transformés en cultes d'État.

6. PLVT., *Caes.* 5.

7. SVET., *Caes.* 6 ; cf. J. CARCOPINO, *César*, 3e éd., 1943, p. 648-649.

deuils qui s'acharnèrent sur Auguste firent de lui un spécialiste de la *laudatio*, non sans qu'il y vît un moyen de propagande dynastique[1].

***

La tradition voulait que la laudatio fût aussi ancienne que la république et que Valerius Publicola eût « loué » Brutus le Fondateur[2]. Si on a mis cette tradition en doute, on tient pour historique, sur le témoignage de Tite-Live[3], la *laudatio* de Manlius Cincinnatus et de Quintus Fabius par le consul Fabullinus, en 480[4]. Peu importe. Car si les mentions et les allusions des historiens ne nous ont conservé trace que d'une trentaine de *laudationes*, il est pourtant certain que l'usage était courant. Les comiques en tirent des effets ; dans le *Poenulus*, quand Syncerastus déblatère contre le *leno* son maître, Milphion s'écrie en aparté : « *Verba fecit emortuo*, quelle belle oraison funèbre ! »[5] Et Cicéron compte l'éloge au nombre des hommages ordinairement rendus à tout homme politique[6].

1. *Vid. inf.* p. 65, Appendice, liste des principales *laudationes* attestées.
2. Den. Hal., *Ant.* V, 17, 1 ; Plvt., *Popl.* 9, 7.
3. Liv., II, 47, 11.
4. *Vid. inf.* p. 65, Appendice, liste des principales *laudationes* attestées.
5. Pl., *Poen.* 840 ; Ter., *Phorm.* 1015 (cf. 1026).
6. Cic., *Mil.* 33 ; *leg.*, II, 62 ; cf. Tac., *ann.* III, 5, 5. On a vu que les municipes d'Italie et des provinces (*uid. sup.* p. xiii, n. 6) accordèrent facilement le *funus publicum* à leurs grands hommes. Que ce *funus* comportât *laudatio* par un duumvir, c'est vraisemblable ; mais seules les inscriptions d'Espagne la mentionnent explicitement ; on en a toute une série (cf. Vollmer, p. 462 et suiv.), dont voici un exemplaire typique : *C.I.L.*, II, 1342, *L. S*[*emp*]*ronio... hui*]*c ordo Lacibulensium de*[*creuit*] *laud*[*ationem*], *loc*[*um*] *sep*[*ulturae*], *fune*[*ris*] *inpensam, statuam.* [*Iu*]*nia L.f. Lucilla uxor honore usa inpensam remisit.*

Une fois parvenu au Forum, le convoi faisait un arrêt pour la *laudatio*. Le lit sur lequel le corps se trouvait exposé était placé sur la tribune même[1] ou en face d'elle sur une construction provisoire[2]. Les mimes imaginifères, assis sur des chaises curules, formaient le cercle autour des rostres et maintenaient la foule des parents, amis et badauds. Alors le laudateur pouvait commencer.

Le discours retraçait la vie du mort, depuis les premières armes jusqu'au faîte des dignités ; il louait son courage et son habileté de soldat ou de chef, ses succès au barreau ou à la tribune, ses qualités de sénateur ou de magistrat ; on passait ensuite aux vertus privées, aux mérites domestiques, au patrimoine conservé ou, qui mieux est, accru, à la descendance nombreuse. Des enfants on remontait à tous les ancêtres dont on rappelait les titres de gloire. Pour débuter, des plaintes, pour terminer, des consolations et des formules funéraires[3]. Telles ont dû être les *laudationes* des vainqueurs de Syracuse et de Numance, des dictateurs et des empereurs.

Les femmes aussi avaient droit à la *laudatio* aux rostres[4]. Depuis le IVe siècle, disaient certains. On avait voulu ainsi récompenser les matrones d'avoir donné leurs bijoux, selon Plutarque pour une offrande au sanctuaire de Delphes, selon Tite-Live pour aider

1. DIO, LIV, 35, 4 ; LVI, 34, 4.
2. SVET., *Caes.* 84, 1 ; DIO, LXXIV, 4, 2.
3. Sur ce plan *uid. sup.* les textes de Polybe et de Denys d'Halicarnasse cités p. XIV, n. 1 et 2 ; *uid. inf.* p. XLI l'éloge de Métellus (PL., *nat.* VII, 139) et p. LXXX.
4. PLVT., *de mul. uirt.* I (242 F), ἄριστα δ'ὁ Ῥωμαίων δοκεῖ νόμος ἔχειν, ὥσπερ ἀνδράσι καὶ γυναιξὶ δημοσίᾳ μετὰ τὴν τελευτὴν τοὺς προσήκοντας ἀποδιδοὺς ἐπαίνους (J'approuve la coutume romaine qui admet la femme comme l'homme aux honneurs de l'éloge public selon sa dignité.) Cf. MARQUARDT, *Vie privée*, I, p. 422.

à payer l'indemnité exigée par les Celtes de Brennus[1]. La contradiction même qui oppose ces deux textes prouve combien cette tradition était peu sûre. Bien plus acceptable est l'assertion de Cicéron dans le second livre du *de oratore*[2]. Antoine, le grand-père du triumvir, tient à faire une politesse à deux de ses interlocuteurs, Catulus et son frère utérin, le spirituel Strabon. A propos du genre oratoire constitué par la *laudatio*, Antoine rappelle en passant le succès obtenu par l'éloge funèbre que Catulus fit de leur mère : *scio me et omnis qui adfuerunt delectatos esse uehementer quom a te est Popilia mater uestra laudata*, et il ajoute : *cui primum mulieri hunc honorem in nostra ciuitate tributum puto*. Cela nous met aux environs des années 100 avant notre ère [3]. Encore à ce moment n'osait-on « louer » que des matrones âgées ; César aurait innové en faisant l'éloge de sa jeune épouse[4]. Mais — chose curieuse — ce sont exclusivement les éloges de trois femmes que l'épigraphie nous a conservés : ceux de notre héroïne, de Murdia et de Matidia, Altesse Impériale[5].

***

Récapitulons. L'usage romain admettait aux obsèques diverses sortes d'éloges. A l'origine c'était

1. Plvt., *Cam.* 8 ; Liv., V, 50, 7, *matronis gratiae actae honosque additur ut earum sicut uirorum post mortem sollemnis laudatio esset* ; cf. Liv., V, 29, 9 ; Diod. Sic., XIV, 116.
2. Cic., *de or.* II, 44 ; sur Catulus, *Brut.* 132.
3. Les femmes peuvent être l'objet d'une *laudatio*, mais à notre connaissance jamais une femme ne prononce de *laudatio*. Il est à remarquer que de même dans les inscriptions funéraires métriques les hommes louent leurs femmes, mais les veuves donnent, si l'on peut dire, la parole à leurs maris, qui se louent eux-mêmes.
4. Plvt., *Caes.* 5, νέαις δ'οὐχ ὄν ἐν ἔθει, πρῶτος εἶπε Καῖσαρ ἐπὶ τῆς ἑαυτοῦ γυναικὸς ἀποθανούσης (pour les jeunes femmes ce n'était pas la coutume ; César fut le premier à parler à la mort de sa femme) ; *uid. sup.* p. xviii et n. 6.
5. *Vid. inf.* p. 65, Appendice, liste des principales *laudationes* attestées.

la *nenia* et un éloge prononcé *ad sepulcrum* dans certaines familles patriciennes. A l'époque classique on avait encore la vocifération de la *praefica.* Elle était suivie par la *laudatio* proprement dite, *pro contione. Priuata*, elle était, à l'occasion d'un *funus indictiuum*, l'éloge d'un personnage ayant rempli des magistratures, éloge fait aux rostres, devant le peuple assemblé, par un proche parent, à la gloire du mort et de sa *gens* ; à partir du Ier siècle avant J.-C. les femmes des grandes familles eurent le même privilège. *Publica*, elle était, à l'occasion d'un *funus publicum*, l'éloge d'un membre de la famille impériale ou d'un dignitaire, éloge fait aux rostres *pro contione* comme le précédent, mais par le prince ou par un magistrat mandaté. Notre inscription nous fera supposer un retour à la *laudatio* intime *ad sepulcrum*, prononcée « au cimetière »[1].

1. *Vid. inf.* p. LXXIX et suiv.

DESCENDANCE ILLÉGITIME

Biographies, consolations, épitaphes, panégyriques en vers et en prose, oraisons funèbres des rhéteurs et des évêques, autant de genres encômiastiques apparentés à la *laudatio* ou même sortis d'elle. On ne peut parler de la *laudatio* ni estimer la place qu'elle tient sans passer en revue cette parenté multiforme. Surtout cette revue fera apparaître que cette descendance s'est développée le plus souvent contre la *laudatio* et permettra de mieux comprendre la démonstration que je tenterai ensuite : la similitude du sujet rend inévitable la similitude des pensées, mais la forme diffère.

De bonne heure on avait écrit et publié les plus importantes *laudationes*. Elles constituaient même d'après Cicéron les plus anciens monuments de l'éloquence latine[1]. La *laudatio* que Fabius Cunctator prononça pour son fils était une des lectures favorites des générations suivantes : *est in manibus laudatio; quam cum legimus, quem philosophum non contem-*

1. Cic., *Brut.* 61 ; *uid. inf.* p. XXXVII.

nimus[1] ? Non moins fameuse était celle de Scipion Emilien, prononcée par un des consuls en charge, mais écrite par Laelius[2]. Nous sommes sûrs qu'Auguste publia son éloge de Marcellus[3] — *gener Augusti Caesaris*[4] — et pour le second de ses beaux-fils Drusus, dont la naissance avait fait jaser[5], il alla plus loin. Non seulement il écrivit une des deux *laudationes* prononcées aux obsèques, mais en outre il composa une inscription en vers *(elogium)* qui fut gravée sur le tombeau et une Vie en prose *(uitae memoria)*[6]. Drusus eut ainsi l'honneur d'un triple hommage : *laudatio funebris*, biographie encômiastique, panégyrique en vers. La vieille *laudatio* proliférait[7].

***

A côté des vraies *laudationes*, prononcées et publiées[8], on prit l'habitude d'en écrire après coup, quand on s'était trouvé empêché d'assister aux funérailles. Brutus composa à Rome l'éloge de son beau-père, Appius Claudius Pulcher, que la maladie avait emporté en Eubée[9]. Cicéron honora de même façon

1. Cic., *Cat. m.* 12 ; cf. éd. Wuilleumier, Paris, Belles Lettres, 1940, introd. p. 31.
2. *Schol. Bob.* ad Cic., *Mil.* 16 (Orelli p. 283) ; *uid. inf.* p. XXXIX.
3. Serv., *ad Aen.* I, 712 ; Plvt., *Marc.* 30, 4.
4. *An. ép.* 1928, n° 88.
5. A tort, d'après J. Carcopino, dans la *Rev. hist.*, 1929, CLXI, p. 225.
6. Svet., *Cl.* 1, 10-11. *Vid. inf.* p. XL.
7. On ne peut omettre de rappeler ici les *Res Gestae* et ce que cet auto-panégyrique doit au genre de la *laudatio* et à ses traditions.
8. Sur les genres voisins de la *laudatio*, F. Leo, *Die griechisch-römische Biographie*, Leipzig, 1901 ; voir en part. p. 225 et suiv. ; D.R. Stuart, *Epochs of Greek and Roman Biography*, Berkeley, 1928, p. 189 et suiv.
9. Diom., *G.L. Keil*, p. 367, 27.

Caton d'Utique et sa fille Porcia[1], et avec un tel parti pris que César crut devoir répliquer par un « antiéloge ».

D'écrits de cette sorte sont nées à leur tour ces *Vitae*[2], dont les auteurs, au prix de leur sang, vantaient sous l'Empire la beauté de la République[3]. Il suffit de rappeler d'un mot ces biographies célèbres et subversives, dont le souvenir inquiétait encore les Falloux et les Fortoul et qui ont d'autant mieux excité les imaginations qu'aucune ligne ne nous en est parvenue : Vie de Caton par Thrasea Paetus, de Thrasea par Arulenus Rusticus, d'Helvidius Priscus par Herennius Senecio, d'Ostorius par Anteius Rufus. A l'époque où il n'y avait plus aucun danger, deux amis de Pline le Jeune, qui lui-même écrivit la *Vie* du jeune Vestricius Cottius, narraient encore les *Exitus* des victimes de Néron et de Domitien[4]. La biographie connaissait une telle vogue que Regulus

1. Schanz-Hosius, I, § 145a, p. 446-447 (cf. Cic., *Att.* XIII, 48, 2). Sur Cicéron auteur d'une *laudatio* prononcée par Serranus Domesticus à l'enterrement de son fils, *uid. inf.* p. xl. La *IX*e *Philippique* a pour sujet l'éloge de Ser. Sulpicius, ce qui est autre chose qu'une *laudatio funebris.*

2. On en a rapproché aussi ces jugements d'ensemble portés par les historiens sur les grands personnages à l'occasion de leur mort ; cf. le texte significatif de Sen., *suas.* VI, 21-23, *quotiens magni alicuius uiri mors ab historicis narrata est, totiens fere consummatio totius uitae et quasi* funebris laudatio *redditur* ; et Sénèque cite des exemples, entre autres le jugement de Tite-Live sur Cicéron, dont on se rappelle le trait final : *...et in cuius laudes exsequendas Cicerone* laudatore *opus fuerit* ; plus loin il appelle le jugement de Cremutius Cordus *reddita Ciceroni* laudatio.

3. Leo, *Die griechisch-römische Biographie*, p. 224-233 ; H. Peter, *Die geschichtliche Literatur*, I, Leipzig, 1897, p. 184 ; du même, *Historicorum Romanorum Reliquiae*, II, Leipzig, 1906, p. clxxii (*Vitarum Scriptores*) ; G. Misch, *Geschichte der Autobiographie*, I, Leipzig, 1907, p. 132 ; Schanz-Hosius, II, § 441, p. 649 et suiv.; A. C. Amatucci, *La letteratura di Roma Imperiale*, (Storia di Roma XXV), Bologne, 1947, p. 106.

4. Pl., *ep.* III, 10 (cf. II, 7, 3-10) ; V, 5, 2 ; VIII, 12, 4 ; Pline cite aussi un éloge de Bassus par Clodius Pollion (*ep.* VII, 31). Tacite fait allusion à une biographie de Iulius Africanus par Iulius Secundus (Tac., *dial.* 14, 4).

répandit à mille exemplaires, après en avoir fait selon la mode une conférence-lecture, celle qu'il écrivit de son fils mort enfant ; *credas non de puero, sed a puero*, note méchamment Pline. Rien ne nous a été conservé, ai-je dit, de cette littérature. Il y a toutefois l'*Agricola*, qui nous donne une idée du genre et la plus flatteuse. Après de longues discussions on n'admet plus que l'opuscule de Tacite soit ni une *laudatio*, ni un panégyrique, ni une apologie partisane, ni une œuvre historique ; ce serait sous forme de biographie un hommage de la piété filiale[1]. Soit. Mais un ouvrage si varié et si riche ne peut-il à la fois déborder les cadres et confondre les genres, quelque fixes qu'aient été les formes chez les anciens ? En tout cas il nous rend à notre sujet, car il est indéniable qu'il doit beaucoup à la vieille *laudatio*[2]. Je n'en veux pour preuve que les derniers chapitres, que les apostrophes, *Tu uero felix, Agricola... optime parentum*, que les mots : *nouissima in luce desiderauere aliquid oculi tui*[3], un des traits les plus touchants, les plus élégiaques de la littérature latine, qui à un tableau de grandeur, grâce au pudique indéfini *aliquid*, ajoute une touche d'ultime tendresse familiale[4].

1. Résumé de la discussion dans SCHANZ-HOSIUS, II, § 431, p. 615-616.
2. E. HÜBNER, *Zu Tacitus Agricola*, dans *Hermes*, I, 1866, p. 418-448 ; E. de SAINT-DENIS, *Qu'est-ce que l'*Agricola *de Tacite ?* dans *Les Et. class.*, Namur, X, 1941, p. 14-30.
3. TAC., *Agr.* 45.
4. Le cas des biographies anecdotiques de CORNÉLIUS NEPOS ou de SUÉTONE, dont on a des échos jusque dans la *Vie de Charlemagne*, d'EGINHARD (éd. Halphen, Paris, Belles Lettres, 1938, p. X-XI) est différent, car ces biographies ont pour seul but de raconter. Mais leur influence fut pourtant grande sur les genres encômiastiques en prose. Même remarque touchant PLUTARQUE, dont on ne peut ici passer sous silence le grand nom, tant se mêlent textes latins et grecs, dès que l'on quitte le terrain proprement romain de la *laudatio*.

La consolation fut au contraire un mélange de philosophie et de rhétorique, bientôt aussi de poésie[1]. Imitée des Grecs, surtout de Crantor, elle avait été transportée à Rome par Cicéron qui, après la mort de Tullia, avait jugé que le plus sûr était d'essayer de se consoler soi-même[2]. Ce précieux ouvrage a disparu, mais nous en percevons un écho dans les *Tusculanes*[3] et on ne peut oublier à ce propos la lettre de condoléance de Sulpicius. Les thèmes habituellement traités, nous les connaissons assez bien par une consolation anonyme en vers[4], par Ovide[5], par Sénèque au temps où il était exilé en Corse, *spinosum saxum*[6], par les *Silves* de Stace[7], par Fronton[8], et à la fin du IVe siècle saint Jérôme utilisait encore la *Consolation* de Cicéron[9]. S'appuyant sur des exemples, accumulant les remèdes prônés par les diverses sectes, ces écrits ne faisaient que développer une des parties — fort réduite — de la *laudatio*.

La poésie avait eu tôt fait d'envahir la consolation. C'est que la consolation se rattachait aussi à un genre bien plus ancien, à l'inscription funéraire, qui souvent est en vers quand elle sort du froid énoncé de l'âge et des titres. Depuis les épitaphes en sénaires des

1. C. Buresch, *Consolationum... historia*, dans les *Leipz. Stud.*, IX, 1887, p. 1 et p. 94 ; cf. C. Martha, *Les consolations dans l'antiquité*, dans les *Etudes Morales*, Paris, 1883, p. 133-189 (dissertation où il n'y a guère à prendre).
2. Schanz-Hosius, I, § 171, p. 522.
3. En particulier livres I et III.
4. *Consol. ad Liuiam*, dans Vollmer, *Poet. lat. min.*, II, 2, p. 15 ; éd. A. Witlox, Groningue, 1935 ; l'*elegia I in Maecenatem*, dans Vollmer, *Poet. lat. min.* I, p. 143, n'a rien d'une consolation (cf. P. J. Enk, dans *Mnemosyne*, 1941, p. 225).
5. Ov., *Pont.* IV, 11.
6. Sen., *Helu.* 7, 9 ; cf. 6, 5 ; éd. Favez, Lausanne, 1918, p. xxxviii.
7. Stat., *Silu.* II, 1 et 6 ; III, 3 ; V, 1.
8. Fronto, *de nepote amisso*, p. 231-236 Naber.
9. Hieron., *ep.* 60 (cf. 5, 2 ; éd. *Corpus* de Vienne, LIV, p. 554) ; cf. Favez, *La Consolation latine chrétienne*, Paris, 1937, p. 15-33.

Scipions, c'est toute une suite de *carmina epigraphica*[1]. Les épitaphes d'hommes sont rapides[2] et le mort y parle lui-même[3]. Bien plus proches de la *laudatio* sont les épitaphes de femmes, dont un mari ou un patron fait l'éloge. Inscriptions célèbres de Claudia, la plus ancienne ; elle donne le ton, vantant l'épouse, la mère, la femme de bonne société, qui pourtant *domum seruauit, lanam fecit*[4] ; d'Epicharis la petite danseuse, *erodita paene Musarum manu*[5] ; de Flavia Nicopolis, qui aurait dû revenir sur la terre sous la forme d'une fleur[6] ; d'Atilia Pomptilla, qui avait sans doute suivi son mari en exil[7] ; d'Allia Potestas, belle affranchie et excellente femme de ménage[8] ; des chrétiennes comme Helpis qui souhaitait que son époux fût *thalami tumulique comes*[9] ; de Paulina, femme de Prétextat, le soleil couchant du paganisme[10] ; ou comme Manlia Daedalia,

Quae mortale nihil mortali in pectore uoluens,

1. F. Bücheler, *Carmina latina epigraphica*, 2 vol., Leipzig, 1895 ; E. Engström, *id.*, Goteborg, 1912 ; C. Lommatzsch (suite du Bücheler), Leipzig, 1928 ; cf. F. Plessis, *Epitaphes*, Paris, 1905, sur lesquelles H. Focillon a déposé la couronne d'une poétique introduction (p. xv-lx) ; E. Galletier, *Etudes sur la poésie romaine funéraire*, Paris, 1922.

2. Les Africains font exception ; cf. *C.I.L.*, VIII, 11824 = Bücheler 1238 = Dessau 7457.

3. *Vid. sup.* p. xxi, n. 3.

4. *C.I.L.* I², 1211 = VI, 15346 = Bücheler 52 = Dessau 8403 = Ernout, *Textes archaïques*, n° 133.

5. *C.I.L.* I², 1214 = VI, 10096 = Bücheler 55 = Dessau 5214 = Ernout, *Textes archaïques*, n° 142.

6. *C.I.L.* VI, 18385 = Bücheler 1184.

7. *C.I.L.* X, 7563 = Bücheler 1551.

8. Bücheler-Lommatzsch, 1988 ; cf. E. Galletier, *op. cit.*, p. 335-336.

9. Bücheler 1432 = A. Silvagni, *Inscr. Christ. urbis Romae*, II, n° 4209.

10 *C.I.L.* VI, 1779 = Bücheler 111. J'en rapprocherais l'hommage d'Hérode Atticus à sa femme Regilla (inscription triopéenne, *I. G.*, xiv, 1389).

revint à Dieu après soixante années d'une vie bienfaisante[1]. L'épitaphe s'éloigna vite de la *laudatio.* Tandis que celle-ci demeurait l'apanage des hautes classes, qui se contentaient d'épitaphes réduites, l'inscription funéraire, surtout quand elle était en vers, tenait lieu de *laudatio* aux gens d'humble condition ; ils aimaient à y raconter leurs petites histoires et ne craignaient pas de descendre aux plaisanteries les plus déplacées[2].

A côté de l'inscription funéraire métrique s'était développé tout naturellement le panégyrique en vers, *meditata ad memoriam uirtutis carmina*[3], qui lui devait sa forme, alors qu'il devait à la *laudatio* ses développements. Nulle part d'ailleurs l'influence grecque n'a été plus grande, celle lointaine de Simonide, de Pindare, de Bacchylide, celle plus récente des Alexandrins et de Théocrite, celle immédiate de Parthenios de Nicée. A partir du Ier siècle avant l'ère la mode est lancée[4]. Cicéron, comme il s'était consolé lui-même, s'est loué lui-même dans le *de consulatu suo*[5]. Anser dédie à Antoine des louanges mercenaires[6] ; Messala, l'un des personnages les plus encensés du nouveau régime, est chanté pour son consulat de 31[7], pour son triomphe de 27[8], pour

1. *C.I.L.* V, 6240 = Bücheler 1434 ; cf. P. Courcelle, dans *Rev. Et. Anc.* 1944, p. 66. E. Diehl, *Inscr. lat. christ. ueteres,* a réuni sous le nom de *laudationes funebres* des inscriptions de quelques lignes (nos 4698-4741).

2. P. Waltz, dans *Anthol.* IV, Paris, Belles Lettres, 1938, Notice, p. 46.

3. Tac., *ann.* III, 5, 5.

4. E. Cesareo, *Il Panegirico nella poesia latina,* Palerme, 1936 (très superficiel).

5. Schanz-Hosius, I, § 175, p. 536.

6. Serv., *ad Buc.* IX, 36.

7. *Paneg. Messalae,* dans le *Corp. Tibull.* III, 7 ; sur Messala, en dernier lieu, J. Carcopino, dans la *Rev. Phil.,* 1946, p. 96-117.

8. *Catalept.* IX, dans Vollmer, *Poet. lat. min.* I, p. 134 ; cf. éd. Galletier, dans *Epigr. et Priapea,* Paris, 1920, p. 88, 117, 178.

son anniversaire de 26 (?)[1], après sa mort par Ovide[2]. Sous Claude, 261 hexamètres célèbrent un Pison[3]. Les empereurs surtout inspirent les poètes : Virgile, Varius, Horace, Ovide[4], Calpurnius Siculus, Lucain, Martial, Stace louent à l'envi les bons princes et les moins bons. Claudien renchérira[5]. Mais il s'agit d'éloges de personnages vivants[6]. C'est aussi le cas dans le panégyrique en prose. Issu d'Isocrate, de Xénophon, de Théopompe, on en trouve une ébauche dans le *pro Marcello* de Cicéron, dans les *Histoires* de Velleius Paterculus, dans le *de clementia* de Sénèque. Mais sa véritable expression est parvenue jusqu'à nous dans les panégyriques impériaux, dont douze seulement[7] ont été conservés grâce à un *corpus* qu'ouvre le *Panégyrique de Trajan* par Pline[8].

Mais il y a aussi, plus proches de notre sujet, les panégyriques funèbres en vers, les épicèdes, qui rejoignent volontiers les thèmes de la consolation[9].

1. Tib. I, 7.
2. Pièce perdue, mais rappelée par Ov., *Pont.* I, 7, 27.
3. *Laus Pisonis*, dans Baehrens, *Poet. lat. min.* I, p. 225 ; éd. commentée Gladys Martin, Cornell Univ., 1917.
4. Schanz-Hosius, II, § 320, p. 282-283.
5. P. Fargues, *Claudien*, Paris, 1933, p. 191 et suiv.
6. On peut citer encore Rutilius Namatianus (dans Baehrens, *Poet. lat. min.* V, p. 4), Priscianus (*ibid.*, p. 264), Dracontius (*ibid.*, p. 154).
7. Un panégyrique d'Antonin le Pieux par Fronton a disparu.
8. *XII Panegyrici*, éd. G. Baehrens, Leipzig, 1911 ; E. Galletier en a préparé une édition qui va paraître dans la collection des Belles Lettres ; cf. Pl., *Pan.*, éd. M. Durry, Paris, Budé, 1938, Introd., p. 27 et suiv. On notera les ressemblances qui lient aux panégyriques en prose les décrets honorifiques de l'Empire ; par ex. *decreta Pisana* pour L. et C. Caesares (*C.I.L.* XI, 1420-1421 = Dessau 139-140) ; décret de Sala pour Sulpicius Felix (Gsell-Carcopino, dans les *Mél. Ec. Rome*, XLVIII, 1931, p. 1-39) ; *C.I.L.* X, 3903 ; VIII, 15880 ; et certaines inscriptions développées, qu'il s'agisse de celle de Gallus (Dessau 8995) ou de celle d'un simple *mensor* d'Afrique (*C.I.L.* VIII, 2728 = Dessau 5795).
9. E. Pais, *Degli epicedi latini*, dans la *Riv. fil.* XVIII, 1890, p. 142.

Catulle pleure son frère dans les pièces 65 et 68 *a*. Virgile[1] et Properce[2] célèbrent Marcellus, Horace[3] Quintilius Varus, Ovide[4] Tibulle. Nous avons les deux élégies que l'auteur inconnu de la *consolatio ad Liuiam* consacre à la mort de Mécène[5]. Tardivement le genre refleurira avec Ausone, qui écrivit une série d'éloges en vers à la mémoire des membres de sa famille ou de ses collègues de la Faculté de Bordeaux[6] ; après lui Symmaque fit encore des variations métriques sur les vieux sujets de l'épicède[7].

Derniers avatars de la *laudatio*[8], où sous forme d'oraison funèbre elle devient un mélange d'éloge, de thrène et de consolation[9]. Les rhéteurs grecs du second siècle, prêts à parler de tout, se gardèrent de laisser perdre une aussi riche matière. On peut lire encore l'éloge du boxeur Mélancomas par Dion

1. VIRG., *Aen.* VI, 860-886 (cf. *Buc.* V, 20).
2. PROP., III, 18.
3. HOR., *Carm.* I, 24.
4. OV., *amor.* III, 9. Varius avait peut-être écrit un poème sur la mort de César (dans BAEHRENS, *Poet. lat. min.* I, p. 337 ; cf. MACR., VI, 1, 39 ; 40 ; 2, 19; 20) ; pour certains il s'agit d'un *epos de morte* en général.
5. Dans BAEHRENS, *Poet. lat. min.*, I, p. 225 ; dans VOLLMER, *id.*, I, p. 145 (la traduction en est jointe à VIRGILE, *La fille d'Auberge*, Paris, Garnier, 1935, p. 231 et suiv.).
6. AVS., *Parentalia et Comm. professorum Burdigalensium*, éd. Holder, Innsbruck, 1887 ; cf. FAVEZ dans *Latomus*, VII, 1948, p. 223.
7. SID., *ep.* II, 6 ; VII, 15.
8. Il faut distinguer ici l'oraison funèbre prononcée aux obsèques du panégyrique prononcé plusieurs mois ou plusieurs années après le décès à l'occasion de la fête ou de l'anniversaire du mort.
9. Les règles du discours funèbre furent réunies par THÉON, *Progymn.* 8 ; par le Ps. DEN. HAL., τέχνη, ch. V ; surtout par MENANDROS, 418 Spengel (= 123 Bursian) ; 434 Sp. (= 118 B) ; 413 Sp. (= 124 B). Le schéma de Menandros donne : exorde ; — lieux communs encômiastiques (race, naissance, qualités naturelles, éducation, instruction, mœurs, actions, dons de la fortune, comparaisons) ; — consolations à la famille ; — prière aux Dieux. Cf. H. I. MARROU, *Hist. de l'Éducation dans l'Antiquité*, Paris, 1948, p. 273-275 ; et p. 531, n. 27 ; p. 555, n. 37.

de Pruse[1] ou le discours qu'Aelius Aristide écrivit en souvenir de son maître le grammairien Alexandre[2] ou celui qu'il prononça à son cours devant les condisciples de son étudiant Eteonus, qui avait « la simplicité naïve d'un enfant jointe à l'ardeur de l'adolescence et à la prudence de la vieillesse. »[3] Au IVe siècle l'aristotélicien Themistios aussi bien qu'Himerios au verbe fleuri et que l'attique Libanios cultivent encore le genre, où la σύγκρισις mêlée d'exclamations et d'apostrophes joue un rôle capital[4]. On ne peut s'empêcher de citer une fois de plus le mot désarmant d'Himerios, qui s'écrie au début de l'oraison funèbre de son jeune fils Rufin : « Ὢ τῆς λαμπρᾶς ὑποθέσεως, ô le beau sujet[5] ! » Il est vrai que tout n'est pas ridicule dans cette littérature, dont les procédés d'école ne sont pas arrivés à bannir un reste d'émotion.

Les orateurs chrétiens recueillent les recettes de la Seconde Sophistique et en font profiter parents, confrères et princes[6]. Le type même de l'oraison funèbre chrétienne en latin[7], c'est le sermon que

1. DIO, *or.* XXIX ; cf. v. ARNIM, *Leben u. Werke des Dio*, Berlin, 1898, p. 142 et suiv.

2. AEL. ARIST., *or.* XXXII Keil ; cf. A. BOULANGER, *Aelius Aristide*, Paris, 1923, p. 317 et suiv. (avec toute la bibliographie).

3. AEL. ARIST., *or.* XXXI, 2 Keil ; traduction française par H. Caffiaux (Bibl. Nat. 8° X Pièce 1681); cf. A. BOULANGER, *op. cit.* p. 322 et suiv.

4. A. PUECH, *Hist. de la litt. grecque chrétienne*, III, Paris, 1930, p. 7 et suiv.

5. HIMERIOS, *or.* XXIII, 1 (éd. Dübner, Paris, 1849, p. 91).

6. H. LECLERCQ, dans le *Dict. Arch. chrét.*, IV, 2, p. 2674.

7 CH. FAVEZ, *La Consolation latine chrétienne*, Paris, 1937, p. 15 et suiv., cite ST. CYPRIEN (*de mortalitate*), ST AMBROISE (*ep.* 15 ; 19 ; oraisons funèbres de Satyrus en deux discours ; de Valentinien II, éd. Kelly, Washington, 1940 ; cf. ERNOUT, dans la *Rev. Phil.*, 1941, p. 166-173 ; de Théodose), ST. JÉROME (*ep.* 23 ; 39 ; 60 ; 66 ; 75 ; 77 ; 79 ; 108 ; 118 ; 127 ; *Lettres*, éd. Labourt, I, Introd. p. XLII), ST. PAULIN DE NOLE (*ep.* 13 ; *Carmen* 31) ; ajoutons l'oraison funèbre de saint Honorat par ST. HILAIRE D'ARLES (vers 431). Cf. *Ethérie*, éd. H. Pétré, Paris, 1948, p. 268.

saint Ambroise prononça à l'enterrement de son frère Satyrus ; la vieille règle de la *laudatio* familiale subsistait[1]. De même, parmi les orateurs de langue grecque, saint Grégoire de Nazianze louera son frère Césaire, sa sœur Gorgonie et le vieil évêque son père[2] ; à quoi il ajoutera un éloge de saint Basile[3], dont le frère, saint Grégoire de Nysse, composera plusieurs oraisons funèbres[4], pour Mélèce, pour la petite princesse Pulchérie, fleur fragile au pied du palmier Théodose, pour l'impératrice Placilla, qui fut tant pleurée qu'au moment de ses obsèques on vit « deux pluies tomber sur la terre, l'une venant du ciel, l'autre provenant des larmes, et celle qui coulait des yeux n'était pas moins abondante que celle qui venait des nuages »[5]. Mais ces hyperboles laissaient heureusement la place en maints endroits à un ton d'intimité que rendent plus sensible des souvenirs de jeunesse et de touchantes anecdotes. Surtout ces rhéteurs sacrés transforment leurs éloges en homélies édifiantes, qui donnent de salutaires leçons et annoncent ainsi notre oraison funèbre classique[6].

1. Certains textes épigraphiques chrétiens que DE ROSSI, dans les *Studi e documenti*, I, 1880, p. 28, tenait pour des *laudationes* ne sont que des inscriptions funéraires développées.

2. ABBÉ F. BOULENGER, *Grégoire de Nazianze, Discours funèbres*, Paris, 1908.

3. Éloge de « bout de l'an » sans doute, en 380.

4. L. MÉRIDIER, *Influence de la Seconde Sophistique sur... Grégoire de Nysse*, Rennes, 1906, p. 251 et suiv.

5. *Patr. Graec. Migne*, t. XLVI, 885 c.

6. Après une longue éclipse il faut citer Gilbert d'Évreux célébrant Guillaume le Conquérant, tandis que s'élevait la pure et puissante façade de Saint-Étienne de Caen ; cinquante ans après, saint Bernard et l'oraison de son frère Girard ; plus tard Du Perron, saint François de Sales ; puis Lingendes, Sénault et Faure, qui nous mènent à Bossuet et à ses rivaux inégaux. A bien dire il n'y a pas, à ma connaissance, de livre d'ensemble sur l'oraison funèbre — tant en latin qu'en langue vulgaire — depuis la fin de l'Antiquité jusqu'au XVIIe siècle.

***

En citant tous les genres apparentés à la *laudatio*, en dressant ce catalogue rapide et long[1], je ne me suis pas éloigné de mon propos. Car avant d'insister sur les nettes différences extérieures qui séparent de la *laudatio* ces succédanés, il faut noter qu'ils étaient unis entre eux par un thème vraiment romain qu'ils tenaient d'elle ; le rappel des gloires ancestrales. Et c'est là le thème essentiel du chef-d'œuvre de toute cette littérature funèbre, l'épicède de Cornélie[2]. La reine des élégies, s'écartant de la passion personnelle et de la violente Cynthie, s'inspire des vertus qui ont fait Rome si forte et si elle clôt le livre romain de Properce, ce n'est pas hasard, mais intention patriotique des éditeurs, car elle était par son leitmotiv dans la tradition de la *laudatio*. Mais, ainsi que cet épicède, toutes les œuvres d'art que nous avons rappelées, avec leurs périodes arrondies ou leurs beaux vers, modifiaient à tel point la *laudatio* que celle-ci dans ses vêtements étriqués et démodés apparaissait à côté d'elles comme une vieille parente pauvre.

1. Sans espérer être complet sur une aussi vaste matière, je songe encore aux prouesses de l'adoxographie ou art des paradoxaux (cf. J. Cousin, *Etudes sur Quintilien*, I, Paris, 1936, p. 192-193) ; cela nous conduit jusqu'à Erasme et son *Eloge de la Folie* (cf. *praef.* et ch. III).

2. Prop., IV, 11.

PLACE A PART DE LA *LAVDATIO*

Au vrai la *laudatio* avait dans la littérature une place à part. Ou plutôt elle était en dehors de la littérature[1]. Les auteurs latins, surtout les historiens, nous parlent souvent d'elle. Cependant — c'est le fait essentiel sur quoi je tiens à appuyer, car on n'y a pas pris garde jusqu'ici — les ouvrages de rhétorique paraissent l'ignorer[2]. Dans les différents traités on rencontre bien quelques phrases consacrées à la *laus* et à la *uituperatio*, mais comme le prouvent divers paragraphes de l'*ad Herennium*, ou du *de inuentione*, des *partitiones*[3], les auteurs n'ont guère en vue que les dépositions en justice. Les grands ouvrages de la maturité de Cicéron seront sur ce point aussi décevants. Le *genus demonstratiuum*, repris du γένος ἐπιδεικτικόν d'Aristote[4], vient

1. M. Durry, *Laudatio funebris et rhétorique*, dans la *Rev.Phil.*, 1942, p. 105 et suiv.

2. Le plus récent et le meilleur travail sur la rhétorique ne cite pas la *laudatio* : W. Kroll, *Rhetorik*, Sonderabdruck aus *Real-Encyclopädie*, Stuttgart, 1937 ; cf. § 41, *Die Epideiktik* et § 43, *Die Regeln der Epideiktik*.

3. *Ad Her.* III, 10-15 ; Cic., *inu.* II, 177-178 ; *part.* 70-82.

4. Arist., *rhet.* I, 3, 1 (cf. 9, 6), qui prend pour exemples des éloges d'Achille ou des Tyrannicides.

chez lui sous le nom peu flatteur de *genus tertium* bien loin derrière le *iudiciale* et le *deliberatiuum*. Au Ier livre du *de oratore* Crassus s'en débarrasse hâtivement[1] ; sans doute Antoine y revient-il au IIe livre, mais sans enthousiasme : c'est à ses yeux un genre inférieur et dont l'emploi demeure exceptionnel[2]. Il donne cependant de brefs conseils, mais ne songe lui aussi qu'aux éloges que constituent les dépositions de témoins à décharge[3] ou aux *encômia* écrits, selon la mode grecque, de personnages légendaires ou historiques. La *laudatio funebris* n'a droit qu'à une parenthèse : *nostrae laudationes, quibus in foro utimur, aut testimoni breuitatem habent nudam atque inornatam* (déposition dans un procès), *aut scribuntur ad funebrem contionem, quae ad orationis laudem minime adcommodata est*[4]. Ainsi, rédigée d'avance, lue aux rostres, n'ayant même pas l'apparence d'un vrai discours, la *laudatio funebris* n'a pour Cicéron aucun rapport avec la grande éloquence, réservée à qui veut persuader le juge ou l'électeur. Aussi les chapitres du *de oratore* consentis à l'éloge ne sont-ils qu'une paraphrase du passage où Aristote avait classé les vertus qu'il convient en pareille matière d'exalter[5]. Considérations similaires chez Quintilien[6].

1. Cic., *de or.* I, 141, *genus tertium, quod in laudandis aut uituperandis hominibus poneretur...*

2. Cic., *de or.* II, 43-48 ; 341-349 ; cf. 341, *multa sunt orationum genera et grauiora et maioris copiae;... laudationibus non ita multum uti soleremus.*

3. Il y est fait allusion par ex. Cic., *fam.* I, 9, 7, *cum ut laudaret P. Sestium introisset in urbem;* cf. *ibid.*, 19.

4. Cic., *de or.* II, 341.

5. Sur le plan de l'éloge d'après Anaximène (III et XXXV), Aristote (*rhet.* I, 5 et 9), *ad Herennium* (III, 6-10), Cicéron (*inu.* II, 177 ; *de orat.* II, 43 et 341 ; *part.* 70-82), cf. dans J. Cousin, *op. cit.*, le tableau de la p. 194.

6. Quint., III, 7, *de laude et uituperatione,* qui ne connaît plus que la *laudatio publica pro contione* (*uid. sup.*, p. xxii).

Dans le *corpus* des *rhetores minores* la *laudatio* n'est même pas mentionnée[1].

On est en droit de se demander pourquoi Cicéron — car il est le maître du chœur — sacrifie pareillement la *laudatio funebris*, alors que lui-même en avait à notre connaissance composé au moins une, celle que Serranus Domesticus lut aux obsèques de son fils[2]. D'abord pour cette simple raison qu'il ne la trouvait pas dans ses sources grecques, puisque l'usage de la *laudatio* n'existait pas en Grèce[3]. L'originalité romaine ici laissait Cicéron insensible et ajouter à ses modèles deux lignes sur la *laudatio funebris* lui paraît suffisant. Mais il y a une raison plus profonde. Dans le *Brutus* Cicéron évoque avec mépris les vieilles *laudationes* antérieures au début du IIe siècle avant J.-C. : *nec uero habeo quemquam antiquiorem cuius quidem scripta proferenda putem, nisi quem Appi Caeci oratio... de Pyrrho et nonnullae mortuorum laudationes forte delectant*[4]. Et ce mépris vient de ce que la *laudatio* primitive était sans art. Mais la *laudatio* contemporaine de Cicéron est également sans art, puisque la *contio funebris* est *minime ad laudem orationis adcommodata*. Alors que peu à peu des discours informes du vieil Appius on était passé aux discours parfaits de Cicéron, la *laudatio* est demeurée imperfectible. Cela ne peut tenir au milieu où elle fleurit, puisque les fils de consulaires qui les rédigent — il est vrai que ce sont souvent leurs débuts aux rostres — sont ceux-là mêmes qui

1. *Rhetores minores*, éd. C. Halm, Leipzig, 1863 (cf. PRISCIAN., *de laude*, p. 556).
2. CIC., *Q. fr.* III, 6, 5 ; *uid. inf.* p. 65, Appendice, liste des principales *laudationes* attestées.
3. *Vid. sup.* p. XV-XVI.
4. CIC., *Brut.* 61-62.

donneront à Rome ses orateurs politiques. Non, cela tient à ce que né à Rome, issu de traditions lointaines, ce rite a gardé sa forme ancienne. Ce qui entoure la mort n'a pas à suivre la mode, même littéraire. A Rome le *mos maiorum* est dans une maison mortuaire plus tyrannique que jamais ; la rhétorique grecque et ses fioritures n'y pénètrent pas. La *laudatio funebris* est demeurée romaine et sans cet *ornatus* qui devait parer les vrais discours.

***

Si l'on revient aux *laudationes* que l'épigraphie nous a conservées, on comprendra mieux ce que je veux dire. Dans la *laudatio* de notre héroïne, que nous étudierons dans la seconde partie de cette *Introduction*, c'est le plan chronologique qui est suivi et non ce plan *per uirtutes*, plus subtil, que les sophistes lui avaient substitué[1]. Le choix des mots est banal, leur place naturelle, les figures sont rares, si ce n'est celles qui vont de soi ; l'asyndète, héritage de l'ancienne prose, est fréquente ; pas de recherches rythmiques[2]. Même impression donnée par l'éloge de Murdia[3] : développements identiques d'abord sur la succession, puis sur les qualités de la défunte, cataloguées, énumérées ; le fils qui parle exprime sur la *laudatio* une opinion qui justifie ma thèse, et même s'il songe surtout à l'éloge des matrones, son jugement vaut pour la *laudatio funebris* en général : elle doit être, dit-il, unie et pareille à toutes celles qui l'ont précédée ; pas de mots nou-

1. *Vid. inf.* p. LXXX.
2. *Vid. inf.* p. LXXXVIII.
3. *C.I.L.* VI, 10230 = DESSAU 8394 ; cf. lignes 21-22.

veaux — *naturalia bona... uarietates uerborum non desiderant* — quand les mérites sont les mêmes, et dans les *laudationes* les mérites sont souvent les mêmes. *Laudationes* privées, objectera-t-on. Mais cent cinquante ans plus tard, dans la maison princière, dans la bouche de l'hellénisant et décadent Hadrien ouvrant l'au-delà à l'*anima uagula* de sa belle-mère[1], ce seront les mêmes hommages selon les procédés traditionnels, tandis que le laudateur impérial évoquera les antiques coutumes de la *nenia* et de la *conclamatio*[2]. Rien n'est plus probant.

Devant moi je trouve cependant un obstacle que je ne veux pas esquiver. Nous devons au hasard trois phrases extraites de *laudationes* de grands personnages rédigées par de grands esprits. De l'éloge de Scipion Emilien écrit en 129 par son ami Laelius : *Neq⟨ue⟩ tanta diis immortalibus gratia haberi potest quanta habenda est quod is cum illo animo atque ingenio ⟨in⟩ hac ciuitate potissimum natus est, neque tam moleste atque aegre ferri quam ferundum est quod unico morbo morborum uim tentauit, et in eodem tempore periit cum et uobis et omnibus, qui hanc rempublicam saluam uolunt, maxime vivo opus est, Quirites*[3]. De celui de Iulia prononcé en 68 par son neveu Jules César : *Amitae meae Iuliae maternum genus*

1. *C.I.L.* XIV, 3579 (cf. Spart., *Vit. Had.* 25, 4) ; S. Dehner, *Hadriani laudatio Matidiae*, Neuwied, 1891 ; Wölfflin, dans les *Sitzungsber...*, Munich, 1886, p. 283.

2. H. Bardon, *Les Empereurs et les lettres latines*, Paris, 1940, p. 402 et suiv., insiste sur la préciosité de ce texte qui ne me paraît pas démontrée.

3. *Schol. Bob. ad.* Cic. *Mil.* 16 (Orelli, p. 283) ; je donne le texte rétabli par J. Carcopino (*Autour des Gracques*, Paris, 1928, p. 114-121) ; je me permets d'ajouter ⟨*in*⟩ devant *hac ciuitate* et de lire *aegre* au lieu de *acre*. On sait qu'une partie de cette phrase fut refaite et allégée par Cicéron dans une allusion, *Mur.* 75, *gratias agit dis immortalibus quod ille uir in hac republica potissimum natus esset.*

ab regibus ortum, paternum cum dis immortalibus coniunctum est. Nam ab Anco Marcio sunt Marcii Reges, quo nomine fuit mater, a Venere Iulia, cuius gentis familia est nostra. Est ergo in genere et sanctitas regum, qui plurimum inter homines pollent, et caerimonia deorum, quorum ipsi in potestate sunt reges[1]. De celui de Drusus lu en 9 avant J.-C. par son beau-père Auguste : *ut deos precatus sit similes ei Caesares suos facerent sibique tam honestum quandoque exitum darent quam illi dedissent*[2]. Il est certain que dans ces belles épaves on reconnaît sans peine toutes les parures de l'art oratoire : antithèses, expressions redondantes, chutes rythmées. Faisons aussi place maintenant à trois *laudationes* que nous ne connaissons que par ouï-dire. Cicéron fit-il du Serranus ou du Cicéron quand il travailla pour ce client[3] ? Du Serranus plutôt, parce que Cicéron, à en croire Quintilien, entrait si bien dans le personnage de ceux pour qui il écrivait des discours *ut ipsi dicere uiderentur*[4] ; en outre si elle lui avait été plus personnelle, Cicéron se serait davantage vanté de cette œuvre et nous la connaîtrions autrement que par une confidence glissée dans une lettre familiale. Mais il est sûr que Sénèque, quand il composa le difficile éloge de Claude, que Néron porta aux rostres, y mit toute la spirituelle ingéniosité dont il était capable[5], de même que Tacite, quand il « loua » Verginius Rufus, se souvint qu'il avait écrit le *Dialogue des Ora-*

1. SVET., *Caes.* 6, 2 ; *uid. sup.* p. XVIII et n. 7.
2. SVET., *Cl.* 1, 10 ; *uid. sup.* p. XXIV et n. 6.
3. *Vid. sup.* p. XXXVII, n. 2.
4. QVINT., III, 8, 50.
5. TAC., *ann.* XIII, 3, 1, *quanquam oratio a Seneca composita multum cultus praeferret, ut fuit illi uiro ingenium amoenum et temporis eius auribus accommodatum.*

teurs[1]. Ces brillantes exceptions ne changent rien à la règle générale. De nos jours un grand poète, qui était aussi un prosateur incomparable, a pu écrire des discours académiques inouïs, sans que le passage de ce météore empêche qu'il existe un genre dit du discours académique, et solidement établi.

***

J'ai réservé la phrase la plus ancienne qui nous soit parvenue d'une *laudatio*. C'est celle que nous devons à Pline l'Ancien, extraite de l'éloge, prononcé en 221, de Lucius Caecilius Metellus, consul en 251 et en 247, dictateur en 224, vainqueur des éléphants puniques et sauveur du Palladium; son petit-fils[2] le louait ainsi : *decem maximas res optumasque, in quibus quaerendis sapientes aetatem exigerent, consummasse eum ; uoluisse enim primarium bellatorem esse, optimum oratorem, fortissimum imperatorem, auspicio suo maximas res geri, maximo honore uti, summa sapientia esse, summum senatorem haberi, pecuniam magnam bono modo inuenire, multos liberos relinquere et clarissimum in ciuitate esse, haec contigisse ei nec ulli alii post Romam conditam*[3]. Ainsi ce « bon

1. Pl., *ep.* II, 1, 6, *laudatus est a consule Cornelio Tacito, nam hic eius supremus felicitati cumulus accessit, laudator eloquentissimus.*

2. Et non son fils comme le dit Pline ; cf. Münzer, dans la *R. E. s. u. Caecilius,* col. 1203, n° 72 et col. 1213, n° 94 ; H. I. Marrou, *Hist. de l'Éducation dans l'antiquité,* Paris, 1948, p. 538, n. 16.

3. Pl., *nat.* VII, 139; cf. H. I. Marrou, *Hist. de l'Education dans l'Antiquité,* Paris, 1948, p. 327 : « L'ensemble de ces éléments composait une culture et un système d'éducation typiquement latins. On en trouvera une évocation saisissante... dans l'oraison funèbre que Pline... » On verra en Appendice au *Sylla* de J. Carcopino, Paris, 1931, un tableau généalogique de la famille des Caecilii Metelli, à partir de notre consul de 251 et 247 ; un pareil tableau est comme une exposition d'*imagines* avec leurs *tituli.*

mort » avait satisfait aux dix points du programme — d'ailleurs magnifique d'orgueilleux civisme — de tout grand citoyen : avoir été bon soldat, bon orateur, bon général, avoir commandé en chef avec de grands succès, avoir atteint le faîte des honneurs, le sommet de la sagesse, la primauté au sénat, être devenu riche honnêtement, laisser beaucoup d'enfants (il avait eu trois fils sans compter les filles), en un mot être le premier dans Rome. D'abord le *cursus*, puis la vie privée ; tel est le plan. Mais ce qui est plus saisissant encore, c'est la forme, ce sont ces phrases lourdes où reviennent les *maximus*, *optimus*, *summus*.

Même si l'on voit là plutôt un résumé qu'une citation, il y a certainement dans le style un écho de celui de la *laudatio funebris*. Deux cents ans plus tard, quand on « louera » une femme, aux *honores* on aura substitué les *bona domestica* traditionnels, célébrés en longues énumérations *(pudicitia, obsequium, comitas, facilitas, lanificium, modestia, probitas, diligentia, fides)*, aux hauts faits les mariages, les enfants, les questions de patrimoine et de succession. Evidemment la langue s'était bien trop assouplie pour qu'on pût écrire sous Auguste comme avant Caton. Mais la conception et le ton étaient demeurés semblables[1]. Après un siècle de poésie hellénisante, pas de littérature, pas de mythologie[2] ; des idées naïves, des anecdotes réalistes[3], et un style qui n'avait d'autres

1. *Vid. inf.* le texte de l'*Eloge Funèbre dit de Turia*, I, ligne 30 et les notes p. 38 et suiv.

2. Notre laudateur n'évoquera ni Admète et Alceste, ni Protesilas et Laodamie, « symboles de l'amour conjugal que la mort même est impuissante à briser ». (Focillon, dans Plessis, *Epitaphes*, p. xxxix.)

3. De même on a voulu expliquer l'art du buste romain au Ier siècle avant J.-C. par l'influence des masques mortuaires (cf. A. N. Zadoks-Jitta, *Ancestral portraicture in Rome*, Amsterdam, 1932).

ornements que le poids et le naturel[1]. Les rhéteurs distinguaient, comme on sait, un style sublime, un style moyen, un style simple[2]. Le style sublime, c'est évident, n'a rien à voir avec nos *laudationes* épigraphiques. Le style moyen ou tempéré est bien celui des éloges, selon Cicéron[3], mais des éloges d'apparat, dont le modèle est à ses yeux le *Panégyrique* d'Isocrate ; le style de nos *laudationes* n'est pas non plus celui-là[4]. Mais même le genre simple n'est pas le leur ; si l'orateur qui pratique ce genre est *summissus... et humilis, consuetudinem imitans*[5], tout est pourtant chez lui art et artifice ; il doit faire montre d'esprit et d'un manque de soin qui nécessite beaucoup de soin, d'une *neglegentia diligens*[6]. Or, chez nos laudateurs tout est sérieux et simple. C'est donc — soit dit sans subtilité — d'un quatrième style qu'ils font usage, d'un style qui est hors de la rhétorique. Ainsi la *laudatio funebris* avait résisté aux séductions et elle représentait, si j'ose dire, une anti-*Kunstprosa*[7]. Par là vivait la tradition, par là s'exaltait le patriotisme des *gentes*, qui avaient fait la grandeur de Rome.

1. QVINT., XII 10, 42, *antiquissimum quemque maxime secundum naturam dixisse.*
2. Par ex. CIC., *or.* 20-21 ; *genus sublime, medium, humile ;* cf. CH. CAUSERET, *Etude sur la langue de la rhétorique... dans Cicéron*, Paris, 1886, p. 149 et suiv. ; L. LAURAND, *Etudes sur le style des discours de Cicéron*, 4e éd., Paris, 1940, p. 231 et suiv.
3. CIC., *or.* 102, *fuit ornandus in Manilia lege Pompeius; temperata oratione ornandi copiam persecuti sumus.*
4. On s'en convaincra en relisant CIC., *or.* 37-38.
5. CIC., *or.* 76.
6. CIC., *or.* 78.
7. Le cas des textes juridiques serait comparable.

II

LA *LAVDATIO*, DITE DE TURIA

HISTOIRE DE L'INSCRIPTION

Puzzle épigraphique, parmi les plus cocasses et les mieux réussis, encore que des morceaux manquent[1]. Les deux tables de marbre où avait été gravée l'inscription ont été descellées, brisées, dispersées. Mais le temps a en partie reconstruit ce qu'il avait défait, le temps et la patience des fouilleurs, des « copieurs », des éditeurs, qui ont jusqu'ici sauvé six fragments.

L'inscription était disposée en deux colonnes avec un titre courant en grandes lettres qui contenait la dédicace ; de ce titre un seul mot (le plus insignifiant !) — *u]xoris* — nous a été conservé et forme la première ligne du quatrième fragment. De ces six fragments, les trois premiers — A,B,C — proviennent de la colonne de gauche (*pagina I*) et ne nous sont parvenus que grâce à des copies ; les trois autres — Via Portuense, D,E — proviennent de la colonne de droite (*pagina II*) et existent encore.

1. Mommsen, *Ges. Schr.* I, p. 396 et suiv.; *uid. inf.* notre schéma de la p. XLVII.

1° *Fragment A*. Le fragment A (I, 2...]*rum* — I,42 *liberali*]*tatem tuam c*) sort de la nuit au XVIIe siècle ; il était alors encastré dans le mur de l'abbaye cistercienne située à Rome près de la Tor de' Specchi. L'abbaye est anéantie depuis longtemps et l'inscription avec elle ; la rue même qui gardait le souvenir de la tour a disparu quand on a sacrifié ce vieux quartier au dégagement du théâtre de Marcellus et au percement de la Via del Mare. Au moins a-t-on trois copies du fragment, gardées aux archives du Vatican dans le fonds Barberini.

a) Une copie de Suarez, le bibliothécaire du Cardinal Barberini[1] (Vat. lat. 9140, p. 134).

b) Une de Ferdinand Ughelli, abbé du couvent de Tor de' Specchi[2], dans le manuscrit de Doni[3] (Barb. lat. 2756 ; f. 1. = 598).

c) Une d'un inconnu (Barb. lat. 2019).

Ce fragment a 41 lignes ; complet à gauche, c'est-à-dire au commencement des lignes, il est brisé en haut, à droite et en bas[4]. Les trois copies, indépendantes l'une de l'autre, ont permis à Marini de donner dans ses *Iscrizioni... delle Ville e de' Palazzi Albani* la première publication du texte[5]. Mommsen l'améliora infiniment en collationnant lui-même les trois manuscrits du fonds Barberini.

1. G.M. Suarez, né à Avignon en 1599, mort à Rome en 1677 ; cf. *C.I.L.* VI, tome I, p. LIX.

2. F. Ughelli, né à Florence en 1595, mort à Rome en 1670, auteur de l'*Italia Sacra*, 9 vol., Rome, 1642-1648.

3. G.B. Doni, né à Florence en 1594, mort en 1647 ; cf. *C.I.L.* VI, tome I, p. LVIII, n° LXXIV.

4. Cassé en pointe vers le haut le fragment A donne par ligne 3, puis 10, puis une vingtaine de lettres (de I, 8 à I, 32), puis une quinzaine.

5. G. Marini, *Iscrizioni... delle Ville e de' Palazzi Albani*, Rome, 1785, p. 142 ; 2e éd., 1803, p. 107 et fig. ; texte reproduit par Orelli, II, p. 351, n° 4859.

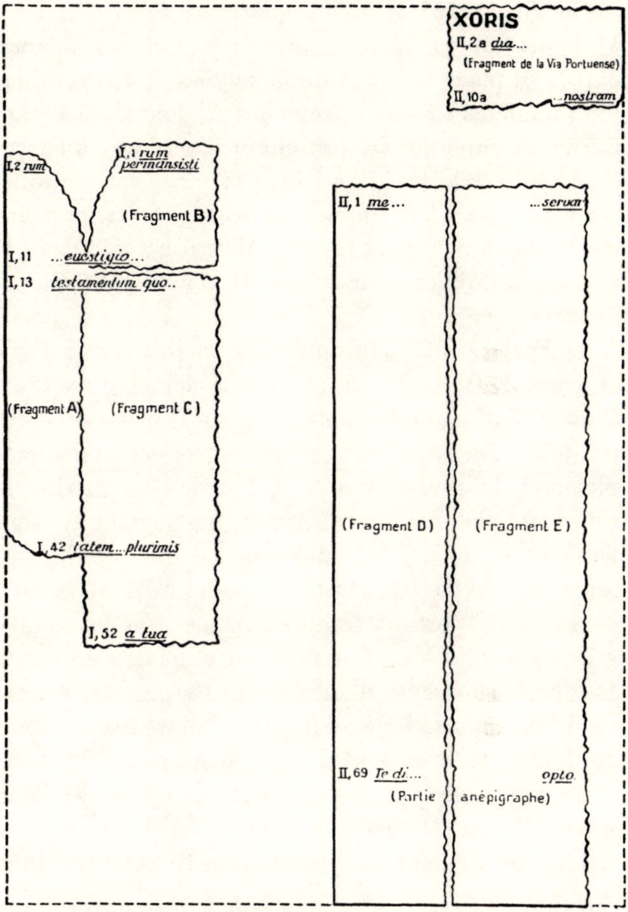

2° *Fragment B.* C'est encore à une copie de Suarez (Vat. lat. 9140, p. 140[1]) que nous sommes redevables du deuxième fragment. Celui-là fut copié, dit-on, aux environs du tombeau de Caecilia Metella

1. Une seconde copie, moins bonne, se trouve p. 141 et est reproduite séparément dans MOMMSEN, *Ges. Schr.*, I, p. 398.

sur la Via Appia[1]. Brisé des quatre côtés, il comporte 11 lignes[2] et va de I,1, *mo*]*rum* à I,11, *in domum ma.* Il se place en haut de la *pagina I*, à droite des dix premières lignes du fragment A, dont il est séparé par une lacune qui va diminuant d'environ 15 lettres (ligne 3) à 1 lettre (ligne 11) ; la place est certaine, car à la ligne 11 le fragment B complète exactement le fragment A : *euest* [*i*] *gio.* Marini a été encore le premier à publier ce fragment B, d'après la copie de Suarez[3].

3° *Fragment C.* Ce fragment s'est retrouvé à Paris et c'est J. B. de Rossi qui l'y a déniché, en 1856, à la Bibliothèque Nationale, alors Impériale[4] (Cod. lat. 9696, fol. 13, n° 116), dans les papiers de Jacques Sirmond, le savant jésuite qui a si bien mérité de l'histoire ecclésiastique[5]. Avant de devenir le confesseur de Louis XIII, il avait été de 1590 à 1606 secrétaire de son Général à Rome et c'est alors qu'il copia cet important fragment, sans que le manuscrit nous dise où. Cassé sur les quatre côtés, ce fragment conserve 40 lignes (I, 13, *quo nos eramus* — I, 52, *praetermittenda*)[6]. Il se place exactement au-dessus de B et à la droite de A, complétant ces deux fragments quasi sans solution de continuité. Mais il se prolonge 10 lignes après la fin de A. De haut en bas les fins de ligne manquent, 10 à 15 lettres environ.

1. De Rossi, dans *Studi e documenti,* I, 1880, p. 24 et n. 1, donne les nombreuses raisons qu'il a de douter de ce renseignement topographique.
2. La 6e ligne est vide, parce que le § se termine au début de la ligne, c'est-à-dire sur le fragment A (*parentum*).
3. G. Marini, *Gli Atti... de' fratelli Arvali,* Rome, 1795, I, p. 38.
4. De Rossi, dans les *Monatsberichte der kön. Preuss. Akad. der Wiss. z. Berlin,* 1856, p. 566-567.
5. Sur J. Sirmond, cf. *C.I.L.* VI, tome I, p. LVII, n° LXV.
6. La 24e ligne est vide (I, 36), parce que le § se termine au début de la ligne, c'est-à-dire sur le fragment A (*cauit).*

Passons à la *pagina II* et aux fragments réellement conservés.

4° *Fragment de la Via Portuense*[1]. Ce fragment a été découvert par hasard sur la rive droite du Tibre au 4e mille de la Via Portuense[2], à l'occasion de la construction d'un égout collecteur. Identifié aussitôt par Giuseppe Gatti, il fut publié par Vaglieri en 1898 dans un article des *Notizie degli Scavi* qui n'était qu'une ébauche, rectifiée ensuite par un mémoire de G. Costa[3]. Conservé au Musée des Thermes, ce fragment cassé à gauche et en bas, a conservé, ligne 1*a*, le dernier mot de la dédicace *u*]XORIS et le haut de la *pagina II*, ligne 2*a* *subsi*]*dia fugae* — ligne 11*a* *nostram*[4] ; le début des lignes manque. Ce fragment, de la plus haute importance, car il fit reprendre le

1. On l'appelle volontiers « fragment Vaglieri » du nom de son premier éditeur (*uid. inf.* n. 3), mais Vaglieri ne l'a pas découvert et l'a médiocrement publié.

2. Vaglieri émet l'hypothèse que la tombe devant laquelle était notre *laudatio,* ait été sur la via Portuense, parce que les inscriptions de cette région ont été très dispersées, comme le prouvent les restes des *Acta Arualium* (Henzen, p. XXV). Mais DE ROSSI dans *Studi e documenti,* I, 1880, p. 24, opinait pour la Via Labicana où furent trouvés les fragments D et E (*uid. inf.* p. L) et même supposait que le plan d'une tombe découverte dans les parages était celui de notre tombe (fig. p. 26) ; ce serait trop beau. La trouvaille de la Via Portuense porte un coup à cette hypothèse. Les Barberini avaient-ils une villa sur la Via Portuense ? Car les fragments A et B ont dû être trouvés sur des terrains leur appartenant.

3. D. VAGLIERI, *Di un nuovo frammento del cosi detto elogio di Turia* dans les *Notizie degli Scavi,* 1898, p. 412-418 (alors insérées dans les *Atti della R. Acc. dei Lincei,* a. CCXCV, 1898, ser. Va, vol. VI, pars II) ; G. GATTI, dans le *Bull. Com.,* 1899, p. 61 ; *Ann. ép.,* 1899, n° 95 ; O. HIRSCHFELD, dans les *Wien. Stud.* XXIV, 1902, p. 233 (repris dans *Kleine Schr.,* p. 824) ; W. WARDE FOWLER, dans la *Class. Rev.* 1905, p. 261 (repris dans *Roman Essays,* p. 126) ; G. DE SANCTIS, dans les *Att. Acc. Sc. di Torino,* XLVIII, 1913, p. 270 ; GIOV. COSTA, dans le *Bull. Com.,* XLIII, 1915, p. 3, avec pl. I qui reproduit un moulage et est insérée après la page 72 ; les compléments de Costa ont été critiqués par DESSAU, *Addenda,* p. CXC ; enfin le fragment de la Via Portuense a trouvé place dans le *C.I.L.* VI, 37053.

4. J'ai numéroté 1a, *u*] *xoris,* 2a, etc..., les lignes du fragment de la Via Portuense, afin de ne pas modifier le numérotage des lignes qui figure dans le *C.I.L.* VI, 1527, et qui est citée dans VOLLMER, dans le *Thesaurus,* etc...

problème prosopographique[1], est opistographe ; au dos de la *laudatio* funèbre des épicuriens sans le savoir ont gravé une table de jeu.

5° et 6° *Fragments D et E*. Ces fragments aussi ont été remployés, mais d'une manière plus décente. La plaque de marbre qui ornait la tombe de la vertueuse païenne a été sciée et a servi à fermer un *loculus* chrétien. Les deux morceaux ont été retrouvés dans la Catacombe de Pierre et Marcellin, à l'est de la ville, sur la Via Labicana[2]. De là ils ont été transportés dans la villa du Cardinal Carpegna, puis à la villa Albani où ils sont encore[3]. Le fragment D (larg. 28 cm.) est complété sur sa droite par le fragment E (larg. 29 cm.) ; entre eux un intervalle de 2 cm., où les restitutions sont quasi toutes évidentes et certaines. Cela nous donne 69 lignes — de II, 1 *me patriae* à II, 69, *opto*[4] — complètes au début, tandis qu'à la fin il leur manque 19 cm., soit 15 lettres environ[5]. C'est cette partie du texte qui la première fut imprimée ; Fabretti l'inséra dans son recueil de 1699[6], et Marini la publia de nouveau[7].

1. *Vid. inf.* p. LVIII et suiv.
2. Au lieudit anciennement *ad duas lauros* et aujourd'hui Tor Pignattara.
3. Je les y ai encore vus en août 1944, dans le second cabinet du rez-de-chaussée au fond et à droite, encastrés dans le mur, malaisément visibles ; il m'a été impossible d'obtenir la permission de les faire photographier. Les deux fragments réunis ont 62 cm. de large. Les lettres, où l'on voit encore des traces de peinture rouge, ont 18 mm. à l'initiale des paragraphes et 15 mm. ailleurs, encore qu'au bas de l'inscription elles soient d'un « œil » légèrement inférieur ; pourtant après la dernière ligne (II, 69, *Te... optó*) 38 cm. de pierre restent anépigraphes. Cf. MORCELLI, FEA, VISCONTI, *Description de la Villa Albani*, Rome, 1869, p. 36, n° XXIV et p. 226-228.
4. E. HÜBNER, *Exempla*, n° 1033, reproduit une partie des lignes II, 4-5 ; voir aussi DE ROSSI, dans *Studi e Documenti*, I, 1880, pl. I (II, 51-52 ; et 63-69).
5. MOMMSEN a collationné le texte qui a encore été revu pour lui par JORDAN, KIESSLING, HENZEN.
6. R. FABRETTI, *Inscriptionum antiquarum...*, Rome, 1re éd., 1699, p. 168, n° 323 ; cf. quelques remarques p. 226. Le texte de Fabretti fut reproduit dans l'éd. de Lysias par JOH. TAYLOR, Londres, 1739, p. 684-685.
7. *Vid. sup.* p. XLVI et n. 5.

Ces six fragments une fois placés, on se représente quel était l'aspect de l'inscription et l'on peut supputer l'importance de ce qui a disparu. Le texte était donc gravé en deux colonnes ; au-dessus d'elles une ligne de dédicace en lettres de hauteur triple[1]. Chaque colonne avait 2m23 et contenait environ 90 lignes de texte. De la *pagina I* manquent le début et la fin ; nous en avons 52 lignes et 40 ont disparu, mais impossible de savoir combien de lignes manquent au début et combien à la fin[2]. De la *pagina II* nous avons au début les 10 lignes du fragment de la Via Portuense et à la fin les 69 lignes des fragments D et E; dans l'intervalle manquent 12 lignes. Pour le fragment de la Via Portuense, nous n'avons pas le début des lignes, mais le texte est complet à droite ; partout ailleurs nous avons le début des lignes, mais pas la fin. D'après les calculs plausibles de Costa, sur 180 lignes ont été sauvées 132 lignes (mais incomplètes) : il resterait un peu moins des trois quarts du texte primitif[3].

***

Après les publications fragmentaires de Fabretti (1699) et de Marini (1785)[4], une fois de plus à la base de toutes les éditions et de tous les commentaires

1. Les lettres du titre ont 36 mm. de haut, celles des colonnes en moyenne 15 mm. et l'intervalle entre les lignes est de 8 mm.

2. Si l'on suppose que les deux colonnes d'écriture ont été sciées en même temps et pour le même usage, c'est-à-dire à la même hauteur, on arriverait à cette conclusion qu'il manque environ à la colonne I 21 lignes au début et 17 à la fin.

3. Costa, *loc. cit.*, p. 10. Cf. notre schéma de la p. XLVII.

4. On trouvera le détail des références dans la Bibliographie alphabétique à la fin du volume, p. 67. Ajoutons à la bibliographie ancienne deux pages périmées de P.E. Huschke, dans *T. Flauii Syntrophi donationis instrumentum*, Breslau, 1838, p. 54-55.

de cette magnifique inscription il y a un magistral travail de Mommsen, sa communication à l'Académie de Berlin du 26 octobre 1863[1]. Pour la première fois les cinq fragments alors connus étaient réunis, placés, complétés, les problèmes juridiques[2] et historiques étudiés. De là sortit avec quelques corrections[3] la publication, assumée par Henzen, dans le Ier fascicule du *C.I.L.* VI, sous le nº 1527 (en 1876)[4]. L'article de Mommsen avait suscité une réponse juridique de Huschke (1866)[5] et chez nous un bon article de vulgarisation d'un professeur ancien ministre, Ch. Giraud, dans le *Journal des Savants* de 1870, avec texte et traduction[6]. De Rossi, qui avait déjà rendu grand service en découvrant la copie du fragment C, consacra à notre inscription un discours très riche (1880), mais qu'on ne paraît pas avoir apprécié ; lui-même dut douter de ses conclusions, car il ne donna jamais le travail critique qu'il avait annoncé. Le premier travail impor-

1. Cette communication a été publiée dans les *Abhandlungen* de 1863, puis a pris place dans le tome I des *Ges. Schr.* (1905) ; Hirschfeld y a alors inséré le fragment de la Via Portuense et ajouté les compléments que cette découverte imposait.

2. Avec l'aide d'H. Degenkolb et les avis de Rudorff.

3. Mommsen apporta en effet à son texte de 1863 quelques modifications ; Henzen écrit *C.I.L.* VI, 1527, page 334, ligne 8 : *subieci restitutionem Mommseni ab ipso hic illic emendatam.*

4. *C.I.L.* VI, 1527 est désormais complété par 31670 (compléments de Hirschfeld dans les *Wien. St.* III, 1881, p. 265 et suiv.) et par 37053 (fragment de la Via Portuense, et non pas 31670 comme il est dit dans Girard, *Textes*, 6e éd., p. 817, ligne 29).

5. Précédée d'une reproduction du texte établi par Mommsen (*Zeitschr. für Rechtsgesch,* V, 1866, p. 161-167) ; certains compléments de Huschke passèrent dans le *C.I.L.*, VI, 1527 (aux lignes I, 3-7).

6. Après la deuxième livraison on lit « La suite au prochain numéro », mais cette suite n'est jamais venue ; toutefois Ch. Giraud reprit son texte dans ses *Iuris Romani antiqui uestigia*, Paris, 1872. Son texte et sa traduction ont été reproduits dans V. Cucheval, *Histoire de l'Eloquence romaine...*, I, Paris, 1893 ; son texte dans P. Guiraud, *Contiones* et dans M. Braunschvig, *La Femme dans la littérature latine ;* sa traduction dans P. Guiraud, *Lectures historiques* (avec des coupures).

tant après celui de Mommsen est celui de Vollmer, dans son tableau d'ensemble de la *laudatio funebris* (1898), dont l'éloge dit de Turia constituait le plus bel ornement ; il reproduit le texte en proposant des compléments nouveaux, mais trop longs, et ajoute un commentaire succinct. Au moment même où le mémoire de Vollmer paraissait, la pioche d'un terrassier rendait à la lumière le fragment de la Via Portuense, étudié par Vaglieri, Gatti, De Sanctis, Hirschfeld et dont Costa donna la meilleure exégèse dans l'article que nous avons déjà cité et qui ne parut qu'en 1915. Notre texte a pris place dans les anthologies juridiques de Bruns[1], de P.-F. Girard et de V. Arangio-Ruiz, ainsi que dans les sylloges épigraphiques d'Orelli (en 1828) et de Dessau[2]. Parmi tous ces savants retenons les noms de Mommsen, de Vollmer et de Costa. Depuis plus de vingt ans[3] le sommeil de cette morte n'a plus guère été troublé[4].

1. Mommsen collabora aux différentes éditions de Bruns, de la 2e à la 6e inclusivement.

2. Dessau, 8393 et *Addenda*, p. cxc. Comme *Übungstext* on trouvera le texte de Dessau reproduit dans le *Florilegium Latinum* de Teubner, IV, 1912, p. 57-62.

3. Je pense à des travaux d'ensemble, car il y a peu à prendre dans E. Weiss, dans la *R.E. s.u. Laudatio Turiae*, col. 995 ; *uid. inf.* p. lxvii et n. 4 ce que je dis des exégèses juridiques récentes de de Visscher, Solazzi et p. lxxiv, n. 1 de Van Oven.

4. Dans le texte que je reproduirai ci-dessous je conserverai les compléments proposés par Mommsen et adoptés par Henzen dans le *C.I.L.* VI, 1507 ; ce texte constitue une vulgate et comment oublier les excellents conseils de Della Torre (apud Orelli, II, p. 554, *res est incertae plena aleae antiqua monumenta refingere et uerba, sensus mentemque ueterum scriptorum induere eorumque ore uelle loqui ;* cf. l'anecdote qui suit) et de Vollmer (p. 505, *operae pretium non est incerta incertis commutare*) ?

Non que j'approuve tous ces compléments. Quand je préfère ceux d'autres éditeurs ou quand j'en propose de nouveaux (I, 23 ; 28 ; 34 ; 35 ; 46), je l'indique dans le commentaire. Pour le fragment de la Via Portuense j'étais plus libre, puisque le *C.I.L.* n'a quasi pas complété le texte et que mon interprétation diffère de celle de Costa (*uid. inf.* p. lx) ; j'ai donc proposé plusieurs compléments nouveaux (II, 3a ; 6a ; 7a ; 8a ; 9a ; 10a) et cette fois en les insérant dans le texte.

DATE ET PROSOPOGRAPHIE

Laudatio Turiae, tel est le titre communément donné à notre texte. Mais on se demande s'il s'agit d'une *laudatio*, on se demande s'il s'agit de Turia. Ainsi de *laudatio Turiae*, il ne resterait rien. A mon sens notre inscription a bien transcrit une *laudatio*[1], mais non pas celle de Turia. Nous dirons *laudatio uxoris*, retenant le seul mot du titre que nous puissions encore lire sur la pierre.

Encore convient-il de rappeler les discussions que les problèmes historiques ont suscitées. Pour la date aucune difficulté. Il suffit de remarquer que l'auteur et la défunte n'étaient pas encore mariés en 49, mais qu'ils l'étaient sûrement en 43. Puisque leur union a duré quarante et un ans (I,28), l'épitaphe a été gravée entre 8 et 2 avant J.-C., date qui s'accorde avec la forme des lettres[2] et l'orthographe[3]. Préciser l'année est impossible, puisque la date du mariage demeure incertaine[4].

1. *Vid. inf.* p. LXXVII.
2. *Vid. sup.* p. L, n. 4.
3. *Vid inf.* p. LXXXIII et suiv.
4. *Vid. inf.* p. LXIII.

Mais les noms? Du titre, le fragment de la Via Portuense n'a gardé que le nom commun *uxoris*. Dans le texte quatre noms propres ; trois sont historiques : Milon (II, 9*a*), *Caesar Augustus Octauius* (II, 12; 19), Lépide (II, 13) ; de la famille seul est nommé le beau-frère de la morte, C. Cluvius (I, 16; 47; II, 9), dont on ne sait s'il est connu par d'autres textes[1], qui d'ailleurs n'éclairent pas le nôtre. Force fut donc de chercher d'un autre côté.

Un long passage de la *laudatio* (II, 1-24) évoque non sans liberté les proscriptions de fin 43, pendant lesquelles le laudateur porté sur les listes fatales dut se cacher. Lorsqu'on relit dans Appien — dont l'indignation fait du bien quand on la compare à l'indifférence de la plupart des historiens modernes, car il eût fallu selon une forte expression de Sénèque *proscribentes in aeternum proscribere*[2] —, lorsqu'on relit dans Appien le texte de l'édit et le récit de ce massacre[3], on revit cette terreur que ne justifient ni la responsabilité politique des classes saignées, ni l'envie de fonder le principat. Trois ambitieux qui se détestent s'allient pour un jour ; ils veulent punir leurs adversaires et voler les riches, supprimer Cicéron et Verrès ; chacun des triumvirs exigeant la tête —

1. MOMMSEN, *Ges. Schr.*, I, p. 407, rapportait à ce Cluvius Cic., *fam.* XIII, 7 ; DIO, XLIX, 44, 3 et des monnaies de bronze frappées en 46-45 en Espagne pour César (WILLERS, *Kupferpräg.*, p. 98) ; cf. MÜNZER, dans *R.E.*, IV, p. 110, n° 4. En dernier lieu GROAG, dans *P.I.R.*, 2e éd., II, p. 286, n° 1203, refuse de rapporter ces *testimonia* à notre Cluvius, mais il ne donne pas les raisons de son scepticisme.

2. SEN., *Marc.* 26, 1.

3. APPIEN, *ciu.* IV, 5-51 (texte de l'édit 8-11) ; plusieurs détails à noter dans SEN., *suas.* VI et VII ; SEN., *Marc.* 20, 5 ; pour les autres textes H. KLÖVEKORN, *De proscriptionibus a.a. Chr. n. 43...*, Diss., Königsberg, 1891 (avec une étude sur tous les proscrits connus); DRUMANN-GROEBE, *s.u. M. Antonius triumuir*, I, p. 271 et suiv. ; R. SYME, *The Roman Revolution*, Oxford, 1939, p. 187.

on devra la lui présenter pour être payé — de ses ennemis, chacun des triumvirs souscrit par là même à l'assassinat de ses amis[1]. Ainsi personne ne peut plus compter sur l'appui d'aucun des trois complices et c'est la condamnation sans espoir, d'autant plus que l'édit n'a pas manqué de promettre aux délateurs et aux exécuteurs, avec la richesse, le silence. Alors commence pour les proscrits et leurs proches la torture de l'attente, de la peur, de l'angoisse, de l'épouvante. Une visite, une lettre, une affiche, un bruit dans la rue, tout vous poignarde. Ce ne sont que cachettes, déguisements, fuites, embarquements vers la Sicile, où Sextus Pompée reçoit. L'homme traqué doit se défier de ses voisins et de ses intimes, de ses clients et de ses esclaves ; l'un est trahi par sa femme, l'autre par son fils[2], tandis que les responsables de ces horreurs obligent les Romains à fêter le Nouvel An 42 comme d'ordinaire et se font décerner la couronne *ob ciuis seruatos* pour n'en avoir pas supprimé davantage[3]. Mais de ce mélange de sang et de bassesse s'élèvent des exemples lumineux de dévouement et l'histoire anecdotique a eu l'honneur d'en garder le souvenir. Puisque l'auteur de cette *laudatio* a été lors des proscriptions sauvé par sa femme, peut être parviendra-t-on à identifier ces époux exemplaires en relisant Valère-Maxime ou Appien ou Dion Cassius.

Le premier essai fut tenté par Philippe della Torre. Au lendemain de la publication de Fabretti[4],

1. Y compris les amis qu'on déteste ; c'est le cas de Cicéron aux yeux d'Octave, sur quoi a appelé l'attention le livre de J. Carcopino, *Les Secrets de la Correspondance de Cicéron*, Paris, 1947, *passim*.
2. Corneille, *Cinna*, acte I, scène III, vers 189 et suiv.
3. Dio, XLVII, 13.
4. *Vid. sup.* p. L, n. 6.

il avait rédigé une note dont le manuscrit fut longtemps après sa mort confié à Calogerà, l'abbé vénitien, qui la publia en 1743[1]. Della Torre émet l'hypothèse que notre *laudatio* commémorait Turia[2], femme de Quintus Lucretius Vespillo[3], dont Valère-Maxime[4] et Appien[5] célèbrent le périlleux dévoue-

1. Ph. della Torre (1657-1717) dans Calogerà, *Raccolta d'opuscoli*, XXVIII, Venise, 1743, p. 131-139 ; cette note fut reproduite dans Orelli, II, p. 352, nº 4859.

2. Cic., *fam.* XII, 26 (44 av. J.-C.) parle du testament d'un Q. Turius ; Hor., *sat.* II, 1, 49, cite aussi un Turius ; ni l'un ni l'autre ne peut être le père de cette Turia ; le pourrait être en revanche L. Turius, cité par Cic., *Br.* 327 et *Att.* I, 1, 2 (cf. éd. Constans, Belles Lettres, I, p. 278 et *Rev. phil.*, 1931, p. 222).

3. *P.I.R.*, 1re éd., II, p. 305, nº 302 ; Miltner dans *R.E.*, XIII, 1691, nº 36. Boissevain dans éd. Dio, II, p. 442, préconise l'orthographe Vispillo ; dans les gloses l'orthographe du mot varie à l'infini (*C.G.L.* Goetz, VII, 1, *Thesaurus Glossarum*, II, p. 409) ; tenons-nous en donc à la forme Vespillo (cf. Benveniste, dans *Bull. Soc. Ling.*, XXIV, p. 124).

4. Val. Max., VI, 7, 2, *Q. Lucretium proscriptum a triumuiris uxor Turia inter cameram et tectum cubiculi abditum, una conscia ancilla, ab imminente exitio non sine magno periculo suo tutum praestitit singularique fide egit ut, cum ceteri proscripti in alienis et hostilibus regionibus per summos corporis et animi cruciatus uix euaderant, ille in cubiculo et in coniugis sinu salutem retineret.*

5. App., *ciu.*, IV, 44, Λουκρήτιος ἀλώμενος σὺν δυσὶ θεράπουσιν ἀγαθοῖς, ὑπὸ ἀπορίας τῶν τροφῶν ᾔει πρὸς τὴν γυναῖκα, φορείῳ φερόμενος ὑπὸ τῶν οἰκετῶν, οἷά τις ἄρρωστος, ἐς τὴν πόλιν. Ἑνὸς δὲ τῶν φερόντων τὸ σκέλος συντριβέντος τῷ ἑτέρῳ τὴν χεῖρα ἐπιθεὶς ᾔει. Παρὰ δὲ ταῖς πύλαις γενόμενος, ἔνθα αὐτοῦ καὶ ὁ πατὴρ, ὑπὸ Σύλλα προγραφείς, ἑαλώκει, εἶδε λόχον ὁπλιτῶν ἐκτρέχοντα καὶ πρὸς τὸ συγκύρημα τοῦ τόπου καταπλαγείς, συνεκρύφθη μετὰ τοῦ θεράποντος ἐν τάφῳ. Τυμβωρύχουν δὲ τοὺς τάφους ἐρευνωμένων, ὁ θεράπων ἑαυτὸν τοῖς τυμβωρύχοις παρέσχεν περιδύειν, μέχρι Λουκρήτιον ἐπὶ τὰς πύλας διαφυγεῖν. Ἐκεῖ δὲ αὐτὸν ὁ Λουκρήτιος περιμείνας τε καὶ τῆς ἑαυτοῦ μερισάμενος ἐσθῆτος, ἧκε πρὸς τὴν γυναῖκα, καὶ ὑπ' αὐτῆς ἐκρύπτετο ἐπὶ διπλῆς ὀροφῆς μεταξύ· μέχρι τινὲς αὐτὸν ἐρρύσαντο παρὰ τῶν προγραψάντων. Καὶ ὕστερον ἐπὶ εἰρήνης ὑπάτευσε.

(Lucretius, après avoir mené avec deux esclaves fidèles une vie errante et vagabonde, n'ayant plus de quoi vivre, prit le parti d'aller retrouver sa femme et il se faisait porter en litière par ses deux esclaves en direction de Rome, en se faisant passer pour un malade. L'un de ces esclaves se cassa la jambe ; il se mit à marcher à pied le bras appuyé sur l'autre esclave. Etant près des portes là où son père aussi, proscrit par Sylla, avait été pris, il vit arriver un détachement de soldats, et, frappé par la coïncidence topographique, il se cacha dans un tombeau avec son esclave. Survinrent de ces bandits qui faisaient métier de spolier les tombeaux. L'esclave s'abandonna à leur rapacité pour donner à Lucretius le temps de se sauver du côté des portes. Lucretius l'ayant attendu là et ayant pris la moitié de ses vêtements, arriva auprès de sa femme et fut caché par elle dans

ment. Elle sauva son mari en le cachant dans leur propre maison jusqu'à ce que la grâce du proscrit eût été obtenue[1]. Le savant prélat n'avançait son hypothèse qu'avec hésitation, mais Mommsen apporta de nouveaux arguments. Comme l'auteur de la *laudatio*, Vespillo était en Macédoine en 48[2], comme lui il eut divers plans pour échapper à la proscription[3], et Mommsen concluait que l'identification du couple avec Vespillo-Turia était « plus que vraisemblable ». Son autorité, qui s'appuyait sur des coïncidences si remarquables, emporta la conviction et la cause fut tenue pour jugée.

Mais la découverte du fragment de la Via Portuense ébranla la construction. On le rapporta à la proscription de 43 et comme on y lisait les mots *apsentiam meam locupletasti* (II, 5*a*), on admit qu'il prouvait que le mari avait trouvé une cachette loin de sa femme et ne pouvait donc être Vespillo. Ce fut désormais l'avis de presque tous les commentateurs, qui jugèrent le problème insoluble[4]. Nombreuses furent en effet les femmes qui se dévouèrent durant les proscriptions[5] et, on pouvait bien ranger l'auteur de notre texte parmi ceux dont parle Appien sans citer leurs noms et qui « après avoir ultérieurement obtenu leur grâce des triumvirs, rentrèrent à Rome,

l'intervalle d'un double plancher, jusqu'à ce que, par le crédit de quelques amis, on obtînt que son nom fût rayé des tables de proscription. Après le retour de la paix ce Lucretius fut élevé au consulat.)

1. Ce qui ferait penser au dévouement célèbre d'Epponine, femme du Lingon Sabinus ; Tac., *hist.*, IV, 67 ; Plvt., *Amat.* 25 ; Dio, LXVI, 3 et 16.
2. Caes., *ciu.* III, 7, 1, et ici I, 4.
3. App., *ciu.* IV, 44, et ici II, 7.
4. *Vid. sup.* p. xlix et n. 3. Vollmer, dans *R.E. s.u. laudatio*, 994, 32, tient l'attribution à Turia pour « sûrement fausse ».
5. Vell., II, 67, 2, *id tamen notandum est fuisse in proscriptos uxorum fidem summam.*

puis après leur retour vécurent dans l'obscurité »[1].

Fowler seul a défendu l'identification Vespillo-Turia[2]. J'ai moi-même été un moment si séduit par sa démonstration que j'avais songé à l'appuyer de deux arguments nouveaux. S'il s'agit de Vespillo, nous savons que son père était tombé victime de la proscription de Sylla[3] en 81 ; or, de notre texte ressort qu'en 49 le laudateur n'avait plus que sa mère[4]. Mais entre 81 et 49 le père avait eu le temps de mourir mille fois. Evidemment. Toutefois je remarquais — et c'était mon second argument — que le laudateur insiste sur le fait qu'il est plus âgé que sa femme[5] ; s'il est le fils de la victime de Sylla, il a passé la trentaine lors de son mariage et sa femme, *uniuira* s'il en fut, devait avoir dix à quinze ans de moins que lui[6].

Cependant, tout compte fait, j'ai le regret de dire que cette belle hypothèse n'est point confirmée par le texte tel qu'il nous est parvenu. Mais je me sépare des savants qui sont arrivés à la même conclusion[7], car pour moi ce n'est pas le fragment de la Via Por-

1. App., *ciu.* IV, 16.

2. Voici un bel exemple pour qui voudrait prouver l'utilité de la bibliographie. L'article de Fowler parut dans la *Class. Rev.*, 1905, p. 261. De Sanctis soutint la même thèse dans les *Atti Acc. Sc. di Torino*, XLVIII, 1913, p. 270, dans une courte note qui avait le mérite de tenter un premier essai de restitution, mais il ignorait le travail de Fowler. Celui-ci réimprima son article de 1905 dans ses *Romans Essays* (1920) et y précisa qu'en 1918 son avis demeurait inchangé (p. 130) ; mais à son tour il ignorait le mémoire de Costa dans le *Bull. Com.*, XLIII, 1915, p. 1, qui avait réfuté point par point sa démonstration.

3. App., *ciu.* IV, 44 ; *uid. sup.* p. lvii, n. 5 ; cf. Miltner, dans *R.E.*, XIII, 1691, n° 35.

4. I, 32 ; cf. I, 11.

5. I, 29 ; II, 52.

6. M. Bang, *Das gewöhnliche Alter des Mädchens bei der Verlobung u. Verheiratung*, dans Friedländer, *Sittengeschichte*, 10e éd., IV, p. 133.

7. *Vid. sup.* p. xlix, n. 3.

tuense qui contraint à rejeter Vespillo et Turia. Ce fragment en effet, je le rapporte aux événements de 49-48, et cela à cause de l'entrée en scène de Milon.

Dans les trois dernières lignes (II, 9*a*-11*a*) on a la surprise de voir apparaître un revenant, Milon, le chef de bande, l'assassin de Clodius. Si mutilé que soit le texte, il est clair. Quand en 52 Milon avait été exilé, ses biens avaient été vendus et une de ses *domus* avait été achetée par la famille du laudateur[1]. Lorsque celui-ci fut parti pour la Macédoine, des hommes de Milon attaquèrent la maison où la jeune femme s'était réfugiée et qu'elle parvint à défendre. Ce fait ne peut se placer qu'au début de 48. Quand Milon, fatigué des huîtres de Marseille, se hâta d'obéir aux conseils du bouillant Coelius et vint jeter le trouble dans le sud de l'Italie sous prétexte de rassembler des troupes contre César[2], profitant du désarroi général, désirant exercer une vendetta, il jeta ses sicaires à l'assaut de son ancienne propriété et d'un alléchant butin[3]. Il est impossible de supposer avec Dessau que le début du fragment relate des événements de 43 et qu'avec l'allusion à Milon survient un retour déconcertant à ceux de 48[4]. Il est non moins impossible de supposer avec Costa que

1. Le *domum nostram* (II, 11_a) me fait supposer que la maison était occupée par le laudateur et par sa mère, puis qu'elle devint celle du ménage.

2. Sur ces événements Caes., *ciu.* III, 21-22 ; Dio, XLII, 24 ; cf. *R.E. s.u. T. Annius Milo*, 2275, 59.

3. Je verrais cette propriété en province, car Milon fut alors obligé d'éviter Rome, d'où son complice Coelius avait été chassé. Milon, outre ses maisons du Clivus Capitolinus et du Germalus, avait des villas (Cic., *Mil.* 64) et le mot *domus* (II, 8_a ; 11_a ; cf. I, 11) désigne souvent la maison d'habitation d'une villa (*Pl.*, *ep.* V, 19, 8 ; VI, 16, 8) ; sur cette *domus*, cf. Costa, *loc. cit.*, p. 24, n. 2 et p. 34, n. 1.

4. Dessau *ad* 8393, note 11.

l'attaque de la maison se place en 43[1] ; pour cela il faudrait admettre que plusieurs années après la mort de Milon[2], il y avait encore des bandes qui conservaient le nom et les traditions de cet émeutier ; mais de ces *Miloniani* aucune trace n'a subsisté. Force est donc de conclure que tout le fragment de la Via Portuense a trait à des événements des années 49-48. Alors la *fuga* (II, 2*a*), c'est la fuite du fiancé après la défaite des Pompéiens en Thessalie, c'est à ce moment que la fiancée a pu « combler l'absence » de celui qui attendait la fin de la guerre civile[3]. Quant aux lignes suivantes (II, 6*a*-8*a*), elles évoquent sans doute des démarches faites auprès des Césariens.

Aussi ce n'est pas le nouveau fragment qui condamne l'identification Vespillo-Turia. Elle est condamnée parce que, malgré des coïncidences séduisantes, rien de topique ne se trouve dans l'ensemble du texte qui la démontre. Non seulement rien ne la démontre, mais elle se heurte à deux objections qui, dans l'état de nos connaissances, sont décisives.

D'abord le piquant de cette triste aventure était que Turia avait caché Vespillo dans leur propre maison. Or, rien de pareil ne peut être lu (même grâce aux lacunes !) dans notre inscription. Valère-Maxime précise d'ailleurs que seule une esclave fut complice, tandis que les lignes II, 8-9 révèlent que

1. Costa, *loc. cit.*, p. 17 et suiv. ; il remarque (p. 17, n. 3) que Milon prétendait alors agir *iussu atque imperio Pompei* et qu'il est bizarre qu'il ait attaqué la maison d'un Pompéien ; le désir de vengeance a pu l'emporter sur des convictions récentes et fragiles.

2. Milon mourut en 48 (Caes., *ciu.* III, 22).

3. Fin 48 César promulgua une loi interdisant aux Pompéiens, à l'exception de Cicéron et de D. Lélius, de rentrer en Italie (Cic., *Att.* XI, 7, 2 ; Drumann-Groebe, I², p. 402).

le beau-frère et la belle-sœur furent dans la confidence. Seconde objection. La vie politique de Vespillo n'a pas été terminée après Actium. Il a été deux fois consul, la deuxième fois en 19, année où il eut l'honneur d'accueillir Auguste à son retour d'Orient et, qui plus est, les *Res Gestae* le citent trois fois[1]. Il est inconcevable que la dernière partie de l'inscription — II, 25-69, *Pacato orbe terrarum*... — ne contienne aucune allusion à la brillante carrière de ce rallié sans rancune[2]. Qu'avons-nous à la place (et là notre texte est complet) ? L'évocation d'une existence casanière et effacée qui ne s'accorde en aucune façon avec ce que nous pouvons imaginer de la vie d'un personnage dont le nouveau régime avait fait un dignitaire.

L'identification Vespillo-Turia abandonnée, il faut *a fortiori* renoncer aux autres hypothèses suggérées par les textes anciens. Aucun proscrit sauvé par sa femme et dont le souvenir ait été conservé ne peut entrer en ligne de compte[3]. En particulier il faut réfuter Hirschfeld qui, timidement d'ailleurs, proposait de voir dans notre laudateur Acilius, parce que celui-ci dut son salut aux bijoux de son épouse[4]. Outre qu'Acilius se réfugia en Sicile, Appien précise que sa

1. Avg., *R.G.*, VI, 1 ; XI ; XII, 1.

2. Cela me paraît un défi au bon sens de dire comme Hirschfeld, *Kleine Schriften*, p. 886 : « Je n'attache naturellement que peu de poids à cet argument *ex silentio*. »

3. Artius (App., *ciu.* IV, 40), Lentulus Cruscellio (App., *ibid.* 39 ; Val. Max., VI, 7, 3) ont trouvé refuge en Sicile ; C.Anstitius Reginus et Appuleius (App., *ciu.* IV, 40) ont quitté Rome avec leur femme ; Coponius (*ibid.*) a été gracié par Antoine et T. Vinius (App., *ciu.* IV, 44 ; Svet., *Aug.* 27 ; Dio, XLVII, 7, 4) a été, sur l'intervention de sa femme Tanusia, gracié par Octavien, mais après le retour de celui-ci dans la capitale ; cf. Drumann-Groebe, I, p. 274.

4. II, 2_a-3_a et App., *ciu* IV, 39 ; Hirschfeld, dans les *Wien. Stud.*, *loc. cit.*

femme donna ses bijoux aux sicaires, dont elle acheta ainsi la complaisance, alors que d'après notre texte il est évident qu'elle les a fait parvenir à son mari.

Quelque regret qu'on en ait, il faut donc, jusqu'à la découverte de nouveaux fragments, renoncer à baptiser ce couple modèle[1]. Essayons du moins de reconstituer son histoire. En janvier 49 (calendrier pré-julien) la défunte est fiancée au laudateur[2] ; sa sœur est déjà mariée à un Caius Cluvius. Peu après le fiancé suit les Pompéiens en Macédoine, tandis que Cluvius se rend en Afrique[3]. Les parents de la fiancée sont assassinés et celle-ci se réfugie chez sa future belle-mère dans une maison achetée en 52 lors de la vente des biens de Milon. Cette fille énergique, aidée de sa sœur, obtient le châtiment des meurtriers de ses parents, fait respecter la volonté testamentaire de son père, ravitaille en secret son fiancé, obtient la protection des Césariens et au cours de cette période troublée défend contre Milon et ses hommes la maison où elle a trouvé asile. Entre 48 et 43, mariage. A la fin de 43 l'époux, qui a dû refaire

1. Ce qui ne va pas, on s'en doute, sans inconvénients pratiques, alors que dans l'introduction et le commentaire besoin est sans cesse de citer les deux personnages. Que fallait-il faire ? Les appeler encore Vespillo et Turia, par commodité ? Ou *Ignotus* (cf. Solazzi, dans les *Studi Bonfante*, I, p. 54) et *Ignota ?* Ou *Laudator* et *Laudata ?* A défaut de noms propres, j'ai préféré dire « le mari » et « la femme », ou me servir d'appellations analogues.

2. C'est ce qui apparaît, d'après la situation juridique élucidée par Mommsen et le complément vraisemblable que lui a suggéré Degenkolb pour la ligne I, 3, [*...ante nuptia*]*rum diem ; uid. inf.* On s'étonnera toutefois que cette fiancée agisse en 49-48 comme une épouse. A quoi Huschke répondait qu'en se réfugiant dans la maison de son fiancé absent (I, 11-12) elle s'était mariée, dirions-nous, par procuration ; cf. Monier, *Cours*, I, p. 373, n. 2.

3. Du côté des Pompéiens ou des Césariens ? Que Cluvius n'ait pas été proscrit en 43 ne prouve pas qu'il ait été césarien en 49 ; si on lui attribue les monnaies d'Espagne de 46-45 (*uid. sup.* p. lv, n. 1), cette hypothèse est pourtant la plus plausible. Mais cette époque fut féconde en « girouettes ».

de la politique, croire à la résurrection du Sénat, en tout cas indisposer Lépide, voit de nouveau éclater sur lui un orage plus dévastateur encore que le précédent : il est porté sur les listes de proscription. Il se cache ; dans ses pérégrinations les avis de sa femme le préservent ; alors qu'il va se porter à quelque folle imprudence, elle trouve une solution plus simple et lui ménage une retraite sûre[1]. Le laudateur omet de nous donner sur des péripéties qui avaient défrayé la chronique, des détails dont nous serions friands. Dans le courant de 42, Cluvius obtient d'Octavien, alors en Epire, un édit graciant son beau-frère et le restituant dans ses biens. La femme fait une démarche auprès de Lépide pour que l'édit soit exécuté, mais elle est brutalement repoussée[2]. Il faudra attendre le décret de 41 et le retour d'Octavien dans la capitale[2]. Après une jeunesse mouvementée, désormais le ménage vivra sans histoire. Une longue intimité, la gestion de la fortune, le souci de remplacer les enfants refusés par la nature, et la séparation par la mort.

1. Les triumvirs eurent fort à faire avec les femmes, dignes de leurs maris proscrits et assassinés. On se rappelle le discours courageux d'Hortensia, fille de l'orateur (App., *ciu.*, IV, 32-34, 136-146 ; Val. Max., VIII, 3, 3).

2. Sur le retour d'Octavien à Rome, App., *ciu.* V, 12 ; Dio, XLVIII, 5, 1 ; Zon. X, 21 ; sur les dissentiments entre Octavien et Lépide, Dio, XLVIII, 4 et 5 ; cf. Vell., II, 80, 2.

ÉNIGMES JURIDIQUES

Famille romaine, famille inconnue, femme romaine, femme inconnue. Citer Cornélie et Porcia, Clodia et Messaline, autant prôner ou condamner l'exception. Puisque les anecdotes et l'histoire nous informent si traîtreusement, feuilletons le *Corpus iuris ciuilis*, interrogeons ses commentateurs. Nouvelle alternative. Les uns décrètent que la femme romaine, malgré la *patria potestas*, malgré la tutelle, a été somme toute heureuse[1] ; les mœurs tournaient, usaient les lois. Pour d'autres la vie de la matrone a été un long martyre sans autre refuge qu'un tombeau le long d'une route[2]. Vouloir juger du bonheur ou du malheur des femmes, et d'il y a deux mille ans, est une gageure. Mais si nous nous en tenons aux faits, nous constatons combien le mariage romain différait du nôtre[3].

1. Par ex. PAUL GIDE, *Etudes sur la condition privée de la femme*, 2e éd., Paris, 1885, p. 96 et suiv. ; P. BONFANTE, *Corso*, I, Rome, 1925, p. 39-41.

2. Par ex. CH. LEFEBVRE, *Leçons d'introduction générale à l'histoire du droit matrimonial français*, Paris, 1900, p. 44-151.

3. R. PICHON, *Hommes et choses de l'ancienne Rome*, Paris, 1911, ch. I, Le Mariage religieux à Rome, p. 1 et suiv. ; en particulier, p. 36.

Les Romains en effet n'ont jamais imaginé le mariage comme la formation d'une cellule nouvelle et indépendante, détachée de deux familles[1]. Si la jeune fille contractait un mariage avec *manus*, elle entrait dans sa nouvelle famille en rompant tout lien juridique avec l'ancienne ; sans *manus*, elle restait liée à sa famille, mais n'entrait pas dans celle de son mari. Avec la *manus*, elle tombait sous le pouvoir du *paterfamilias*, le plus souvent son beau-père, à qui appartient ce qu'elle apporte et acquiert ; elle est tenue pour la fille de son mari et pour la sœur de ses enfants, sur qui elle n'a aucun droit ; sans *manus*, elle sera la victime des dissentiments qui pourront surgir entre beaux-pères ou entre père et gendre. Les textes juridiques, objecte-t-on, donnent une idée fausse ; les sentiments naturels, l'affection paternelle ou conjugale, les habitudes, le contrôle de l'opinion, la notion du devoir faisaient la vie supportable même pour les femmes, et les époux dans leur *tablinum* ou sur le *puluinus* parlaient souvent d'autre chose que de curatelles et de fidéicommis. Espérons-le. Mais le droit tenait dans la vie journalière une place tout autre que chez nous et à l'enterrement de sa femme discourir avant tout et avec insistance de contrat, de patrimoine et d'héritage n'apparaissait pas une faute de tact.

Autre sujet de surprise. Le mariage *sine manu*, qui était de beaucoup le plus fréquent à la fin de la république, n'était pas nettement sanctionné. Ni magistrat, ni prêtre, ni mairie, ni église. Une fête pri-

1. Kunkel dans la *R.E. s.u. matrimonium*, XIV, 2, col. 2259 et suiv. ; A. Erhardt, *ibid., s.u. nuptiae*, XVII, 2, col. 1478 et suiv.

vée, des sacrifices familiaux aux *dii nuptiales*[1], la présence de parents et d'amis, la rumeur du quartier,

> *Sed abit dies* ;
> *prodeas, noua nupta...*
> *Transfer omine cum bono*
> *limen aureolos pedes...*
> *Iam licet uenias, marite* ;
> *uxor in thalamo tibi est*[2],

et surtout un acte, un contrat, l'*instrumentum dotale*[3], sont les seules preuves de l'union. Il arrive que dans un procès le juge ait le plus grand mal à savoir d'abord s'il y a eu mariage.

Ne soyons donc pas étonnés si, en présence d'un texte mutilé, les savants ont peine à discerner à quelles réalités juridiques il fait allusion[4]. Enga-

1. Dieux Indigètes, qui présidaient à chaque moment de la fête et de l'union et dont nous devons de connaître les noms à l'indignation des Pères de l'Eglise (par ex. AVG., *Ciu. Dei*, VI, 9); cf. N. TURCHI, *La religione di Roma antica* (Storia di Roma XVII), Bologne, 1939, p. 22-26 ; A. GRENIER, *Les religions étrusque et romaine* (Mana III), Paris, 1948, p. 135 ; P. NOAILLES, *Fas et Jus*, Paris, 1948, p. 32 et 41.

2. CAT., 61, 109-110 ; 166-167 ; 191-192.

3. On en trouvera un exemplaire sur papyrus des environs de l'année 100 ap. J.-C. dans V. ARANGIO-RUIZ, *Font. iur. Rom. anteiust.*, III, Florence, 1943, p. 41, nº 17 ; cf. CASTELLO, dans les *Studia et documenta*, IV, 1938, p. 208 et suiv.

4. Dans son mémoire de 1863 (*Ges. Schr.*, I, p. 407 et suiv.), MOMMSEN a étudié tous les problèmes juridiques soulevés par cette *laudatio* et proposé des solutions. E. HUSCHKE (*Zu der Grabrede auf die Turia*, Römische Ehe, coemptio, Ruption des Testaments, lex Voconia, ius gentilicium, dans la *Zeitschr. für Rechtsgeschichte*, V, 1866, p. 167-192) lui a répondu; cf. V. ARANGIO-RUIZ, *Parerga*, Naples, 1945, p. 10-17. O. KARLOWA (*Röm. Rechtsgeschichte*, I, Leipzig, 1885, p. 810-811) a fait une brève, mais nette mise au point. Enfin à propos de la curatelle F. DE VISSCHER, dans une lumineuse digression (*La curatelle et l'interdiction des prodigues*, dans les *Mélanges Cornil*, Gand-Paris, 1920, II, p. 539-611) a traité de notre inscription. Il a trouvé un contradicteur en S. SOLAZZI (*Interdizione e cura del prodigo...*, dans les *Studi Bonfante*, I, Rome, 1929, p. 47 ; 69 ; cf. p. 54), à qui il a répondu en reprenant son article remanié dans ses *Etudes de Droit romain* (Paris, 1931 ; cf. p. 92-97).

geons-nous avec prudence sur ce terrain peu solide, et pour le latiniste aussi attrayant que dangereux.

***

Les parents de la défunte ont été assassinés et elle a dû avec sa sœur prendre la charge de l'affaire, puisque son fiancé et son beau-frère étaient loin de l'Italie. Il lui a fallu rechercher les coupables et faire admettre son droit d'accusation[1]. Ce lui fut aisé, puisque le délit était commis contre des proches et que l'héritière évitait de tomber sous le *crimen inultae mortis*, que citent des textes d'ailleurs tardifs[2]. Elle s'est adressée à la *quaestio de sicariis*, dont relevaient les esclaves[3] aussi bien que les hommes libres. Mais si les meurtriers étaient les propres esclaves des victimes, ainsi qu'on l'a supposé[4], on a pu procéder à un châtiment domestique. En tout cas le mot *supplicium* (I, 11) ne laisse aucun doute sur la peine infligée aux coupables.

***

Cet assassinat ouvrait une succession. Le père laissait deux filles — notre héroïne, qui n'était encore que fiancée au laudateur[5] et sa sœur mariée *per*

Les autres romanistes se bornent à citer notre texte à l'occasion. J'exprime mes vifs remerciements à MM. DE VISSCHER et R. MONIER, à qui je dois de précieuses suggestions ; *uid. inf.* p. LXXIV, n. 1.

1. MOMMSEN, *Droit pénal*, II, p. 37-38.
2. *Cod.* VI, 35, 6 ; *Dig.* X, 2, 39 pr. ; cf. E. NARDI, *I casi di indegnita*, Milan, 1937, p. 167 et suiv. ; F. DE VISSCHER, *Les Edits d'Auguste découverts à Cyrène*, Louvain, 1940, p. 74, n. 5. Sur les facilités accordées à un proche parent pour poursuivre un meurtre, *Dig.* XLVIII, 2, 1 et cf. la IVe partie de l'édit de Cyrène.
3. CIC., *Clu.* 148 ; cf. MOMMSEN, *Droit pénal*, II, p. 431.
4. MOMMSEN, *Ges. Schr.*, I, p. 406.
5. Sur le mariage, *uid. sup.* p. LXIII et n. 2.

coemptionem à Cluvius (I, 16, *quod emancupata esset Cluuio*[1]) — et avait rédigé un testament. Il instituait héritiers la défunte[2] et son fiancé (I, 13, *quo nos eramus heredes* ; 19, *hereditatem teneremus*[3]). Celui-ci était non seulement cohéritier, mais encore selon toute vraisemblance tuteur testamentaire[4].

La situation de la sœur est particulièrement obscure. Exclue de la succession légitime, parce qu'elle était mariée *cum manu* et avait ainsi brisé tout lien d'agnation avec son père, cette sœur n'était point exclue de la succession testamentaire. On serait donc porté à croire qu'elle avait été instituée pour

1. Mommsen, *Ges. Schr.*, I, p. 408, n. 1 ; Karlowa, *Röm. Rechtsgeschichte*, I, p. 810 et II, p. 159, où *emancupata* est traduit par « qui s'est émancipée » ; Monier, *Cours*, I, § 211, p. 371.

2. La *lex Voconia* pouvait ne pas s'appliquer ici, car le père, ayant profité de ce qu'il n'y avait plus eu de cens depuis 70, était *incensus* (Mommsen, *Ges. Schr.*, I, p. 409) ; *contra* Huschke, *loc. cit.*, p. 181 et suiv. ; quoi qu'il en soit, la vieille loi était alors sans vigueur.

3. C'est l'avis de Mommsen, *Ges. Schr.*, I, p. 408-409 et de Huschke, *loc. cit.*, p. 177. Rudorff, à qui Mommsen avait soumis le manuscrit de sa communication de 1863, était d'un avis différent, que Mommsen a lui-même consigné et réfuté à la fin de son article (*ibid.*, p. 418-421). Rudorff pensait qu'avaient été instituées héritières les deux sœurs, la défenderesse (la pseudo-Turia) avec son fiancé pour tuteur. Si le testament est respecté, chacune aura sa part, d'où le complément proposé I, 18-19, *ut [pro parte potius] hereditatem teneremus ;* s'il est rompu, la défenderesse est seule héritière *ab intestat*, etc... A quoi Mommsen a répondu que les deux sœurs ne sauraient avoir été mises sur le même pied, n'étant plus dans la même situation juridique et que *nos* ne pouvait désigner tantôt les deux sœurs, tantôt la défenderesse et son fiancé, mais toujours la défenderesse et son fiancé, comme l'assurent I, 13 et 19.

Vollmer, p. 505, est persuadé que les héritiers étaient le laudateur et son beau-frère Cluvius ; mais à cette hypothèse séduisante s'oppose le rôle attribué à la défenderesse dans toute l'affaire.

4. Ce qui est prouvé par le *reccidisse* de I, 15 : le testament avait fait tomber (*cadere*) la défenderesse sous une tutelle testamentaire, puisque la rupture du testament l'aurait fait tomber sous une autre (*recidere*) tutelle, la tutelle légitime des gentils ; mon attention a été attirée sur cet argument par F. de Visscher, qui avait dans son article (*Etudes...*, p. 96) soutenu une opinion différente ; cf. Mommsen, *Ges. Schr.*, I, p. 411 (et 418) ; Huschke, *loc. cit.*, p. 191 et surtout Solazzi (*Studi Bonfante*, I, p. 54) ; Arangio Ruiz, *Erede e tutore*, dans les *Atti Acc. Napoli*, LIII, Naples, 1930, p. 116-130 ; repris dans *Rariora*, Rome, 1946, p. 151-167.

une moitié, la défunte et son fiancé étant institués pour l'autre moitié ; en effet l'action des gentils était dirigée contre les deux sœurs (I, 13 *temptatae estis*) et l'expression I, 18, *caussam communem* conviendrait mieux à une institution de trois héritiers ; mais le *nos eramus heredes* et le *hereditatem teneremus* constituent des objections dirimantes. On a songé aussi à un fidéicommis[1], qui pouvait être mis à la charge tant d'un héritier légitime que d'un héritier testamentaire et qui expliquerait le souci de la défunte de s'en acquitter, même s'il y avait rupture du testament. L'explication traditionnelle est celle d'un legs partiaire[2] ; la sœur, qui aurait déjà reçu une dot profectice, n'aurait été portée sur le testament que pour un *legatum partitionis*, destiné à compléter sa part ; rien ne s'oppose à cette explication, encore qu'elle ne trouve dans le *partituram* de I, 20 qu'un assez faible appui[3].

Ce testament, des parents fort éloignés, des *gentiles*, eurent l'intention de l'attaquer.

De I, 14 à 17 arguments des gentils. Ils prétendaient le testament *ruptum*[4], c'est-à-dire qu'une circonstance postérieure à sa confection l'avait rendu inopérant, et ils se fondaient sur la *coemptio* — nous allons y revenir — passée entre le père et son épouse. Si les gentils obtenaient gain de cause, le testament

1. Ph. Petit, *La laudatio de Turia*, dans les *Ann. de Droit... de l'Université de Louvain*, VI, 1937-38, p. 506-513.

2. Mommsen, *Ges. Schr.*, I, p. 409 ; cf. *laudatio Murdiae* (*C.I.L.* VI, 10230 = Dessau 8394), ligne 4, *omnes filios aeque fecit heredes partitione filiae data ;* Monier, *Cours*, I, § 381, p. 689.

3. Car ce *partituram* ne fait pas allusion au cas où le testament aurait été exécuté, mais au contraire où il aurait été rompu.

4. P.-F. Girard, *Manuel*, p. 886, n. 3 ; E. Cuq, *Manuel*, 2e éd., p. 701, n. 8 ; Monier, *Cours*, I, § 339, p. 619 ; P. Noailles, *Fas et Jus*, Paris, 1948, p. 13 et p. 30, n. 3.

était rompu, notre héroïne n'était plus héritière testamentaire, mais devenait héritière *ab intestat* et il s'agissait alors de savoir sous quelle autre tutelle[1] elle tomberait. Les soi-disant gentils revendiquaient pour eux la tutelle sur cette fille, ce qui veut dire sur la fortune qu'elle allait hériter de son père. En ce cas, si la sœur était portée pour un legs partiaire, elle y perdait tout droit et le fiancé était exclu de l'héritage (I, 19).

De I, 18 à 24, réplique de la défenderesse. Il n'y avait pas, disait-elle, rupture du testament, donc elle n'était pas héritière *ab intestat*, ni seule héritière ; son fiancé et elle demeuraient héritiers. Sur quoi s'appuyait-elle, le laudateur ne le dit pas. D'ailleurs elle prévoyait une ligne de repli : au cas où elle n'obtiendrait pas que le testament fût considéré comme valable, elle aurait pourtant l'héritage et elle était bien décidée à partager avec la sœur, afin de respecter la volonté du père. Et elle ajoutait que même s'il y avait rupture de testament[2], la tutelle ne reviendrait pas à ses adversaires, puisqu'ils ne pouvaient faire la preuve de leur qualité de gentils.

Ainsi il y avait deux points sur lesquels on discuterait au cours du procès : la *coemptio* et la *gentilitas*. La *coemptio* était la partie forte des demandeurs, la fragilité du lien de gentilité la partie forte de leur adversaire. L'affaire n'est pas venue à l'audience,

1. *Vid. sup.* p. LXIX, n. 4.

2. F. DE VISSCHER, *Etudes...*, p. 94, conclut que ce qui importait dans le procès c'était que la rupture du testament eût supprimé un obstacle à la tutelle légitime, donc le fait d'être institué dispensait de cette tutelle. Cette règle avait été entrevue par ACCARIAS (*Précis*, 4e éd., Paris, 1886, p. 424, n. 1), combattu alors par P.-F. GIRARD (*Mélanges*, I, p. 372-373). Pour S. SOLAZZI (*Studi Bonfante*, I, p. 54), c'est la tutelle testamentaire du fiancé qui aurait libéré la fiancée de la tutelle légitime. On verra la réponse de F. DE VISSCHER, *Etudes...*, p. 91 et n. 1 et p. 96.

mais les érudits modernes l'ont mise en délibéré.

I, 14, *coemptione facta cum uxore*[1]. Que signifie ici *coemptio*? On ne peut admettre qu'il s'agisse des parents, car le testament aurait été non pas *ruptum*, mais *irritum*[2]. Pour éviter cette objection Mommsen a supposé que le père, une fois rédigé son testament qui mentionnait ses deux filles, l'une comme héritière, l'autre comme légataire, s'était remarié sous le régime de la *coemptio*[3], ce qui rompait le testament[4] ; l'*uxor* de I, 14 serait ainsi, non la mère, mais la belle-mère des deux filles et la mort tragique et imprévue du père l'aurait seule empêché de refaire son testament[5]. Une difficulté subsiste : *parentes* répété plusieurs fois dans le texte devrait, selon l'usage, désigner le père et la mère de la défunte et non son père et sa belle-mère. Alors on peut penser à une *coemptio* tardive faite par un vieux ménage *sine manu* et que des raisons qui nous échappent lui auraient interdit de faire plus tôt. Ou bien à une *coemptio fiduciaria*[6], qui aurait par exemple permis à la mère de tester[7].

1. GAI., I, 113 ; *Thes. s.u.* 1413, 20-21 (ligne 21, lire *ruptum*) ; MONIER, *Cours*, I, § 210, 3°, p. 368 ; sur la construction *coemptionem facere*, MARQUARDT, *Vie privée*, I, p. 41, n. 2.

2. P.-F. GIRARD, *Manuel*, p. 886, n. 3.

3. MOMMSEN, *Ges. Schr.* I, p. 408.

4. VLP., XXIII, 2, 3, *rumpitur testamentum... agnatione. Agnascitur suus heres... in manum conueniendo ;* GAI., II, 139, *...si cui post factum testamentum uxor in manum conueniat..., nam eo modo filiae loco esse incipit et quasi sua.*

5. F. DE VISSCHER m'a écrit que cette hypothèse lui paraissait encore la meilleure.

6. C'est l'opinion de HUSCHKE, *loc. cit.*, p. 172 et 175 ; de KARLOWA, *Röm. Rechtsgeschichte*, I, p. 810 (« pour la libérer du lien d'agnation qui l'attachait à sa famille ») ; de P.-F. GIRARD, *Mélanges* I, p. 370. — Sur la *coemptio fiduciaria*, ACCARIAS, *Précis*, 4e éd., 1886 I, § 121a, p. 312 ; G. MAY et H. BECKER, *Précis des Institutions du droit privé de Rome pour servir à l'explication des auteurs latins*, Paris, 1892, p. 193 ; A. CUQ, *Institutions*, 2e éd., II, p. 94, n. 4 ; MONIER, *Cours*, I, § 211, 4°, p. 371.

7. GAI., I, 115 a, *olim etiam testamenti faciendi gratia fiduciaria fiebat coemptio ;* cf. *testimonia* dans la 7e éd. de Kübler.

La défenderesse, elle, ne niait pas cette *coemptio*. Mais très habilement elle annonçait aux demandeurs qu'ils ne gagneraient rien à prouver devant la justice que le testament avait été rompu. D'abord, une fois en possession de l'héritage, elle donnerait à sa sœur ce qui lui serait revenu. Mais surtout la tutelle légitime ne leur serait pas accordée, puisqu'ils n'étaient pas de la même *gens*. Ou bien le vrai droit de gentilité, qui ne survivait que dans de très rares et très vieilles familles, n'existait pas dans celle qui nous occupe (I, 22 *neque enim familia*[*e*] *gens ulla probari poterat*)[1]. Ou bien la défenderesse prétendait que, si sa famille connaissait des liens de gentilité, en tout cas les demandeurs n'étaient pas de ses gentils (I, 24, *quia gentis eiusdem non essent*)[2]. Quoi qu'il en soit, si,

impia derisi gentilis gaudia tollens[3],

au lieu d'être héritière testamentaire, elle l'était *ab intestat* par la rupture, elle ne tomberait pas sous la tutelle des adversaires : elle solliciterait du préteur un tuteur en vertu de la *lex Atilia*, et sans doute ce même fiancé...

Alors les méchants gentils, comprenant qu'ils ne tireraient de là aucun profit même en cas de succès, renoncèrent à intenter un procès douteux. Ainsi le laudateur pouvait, quarante ans après, féliciter encore sa femme (I, 25 ; 26) d'avoir manifesté son respect filial en exécutant la volonté de son père contre vents et marées, son amour pour sa sœur en

1. MOMMSEN, *Ges. Schr.*, I, p. 411.
2. KARLOWA, *Röm. Rechtsgeschichte*, I, p. 810. La tradition manuscrite interdit la correction désinvolte de HUSCHKE : *familia* (= agnats) *gensue* (= gentils).
3. CAT., 68b, 123 ; cf. SVET., *Caes.* 1, 2 (*gentilicis hereditatibus*).

lui réservant ce que leur père lui destinait, sa fidélité aux promesses échangées avec son fiancé en le conservant comme cohéritier et comme tuteur et en faisant triompher la tutelle testamentaire sur la tutelle légitime[1].

***

L'héritage du père est le principal problème juridique posé par ce texte, mais il n'est pas le seul.

On peut encore discuter sur la nature du mariage qui unissait le laudateur à la défunte. Rien n'assure qu'ils aient suivi l'exemple de la sœur et de Cluvius et se soient mariés *cum manu*[2]. A cette question essentielle se rattache celle des biens du ménage et de la façon dont ils furent gérés. A vrai dire les termes de la *laudatio* manquent de précision technique : quelles réalités juridiques cachent les mots *patrimonium, tutela, custodia* (I, 37-39)[3]. On suppose que leur régime matrimonial était un consortium limité à

1. M. J.-G. Van Oven, dans un article capital à paraître dans les *Mélanges F. de Visscher (Laudatio Turiae, I, 13-26)*, dont je le remercie de m'avoir dès maintenant donné communication, est d'avis que les gentils ne pouvaient revendiquer *l'hereditatis petitio* (Mommsen) ni la *uindicatio tutelae* (Huschke ; V. Arangio-Ruiz) ; on ne peut trouver dans le droit romain, tel que nous le connaissons, la possibilité d'un procès entre eux et l'orpheline, qu'ils se sont bornés à intimider ; ils voulaient qu'elle demandât au prêteur, sous leur *auctoritas*, la *bonorum possessio ex edicto unde liberis* (cf. I, 19, *omnia bona sola possideres*).

2. Pour : Karlowa, *Röm. Rechtsgeschichte*, I, p. 810-811, qui a même supposé que quand la femme parlera de divorce et souhaitera que le mari garde la fortune (II, 38, *nihil seiunctum*...), le laudateur a pensé à un maintien de la *manus ;* c'est l'explication admise pour un autre cas — séparation de Marcia d'avec Caton d'Utique — par Huschke, *loc. cit.*, p. 174, n. 6 ; mais il ne l'admet pas pour le cas qui nous intéresse (*ibid.*, p. 171).

3. Sur tout ce passage, voir la discussion des arguments de S. Solazzi par F. de Visscher, *Etudes*..., p. 96, n. 4 ; sur I, 38, *neque enim erat adquirendi tibi cura*, cf. V.A. Georgescu, *Etudes de philologie juridique et de droit romain*, I, Bucarest-Paris, 1940, p. 369, n. 1.

la succession[1] recueillie en commun, sous la gestion du mari tuteur. Mais le veuf parle la langue du cœur et non celle du droit[2], ce que les mœurs justifiaient pleinement comme le montre dans le discours même l'histoire des parentes pauvres : les deux sœurs avaient désiré faire des dots à des *propinquae* ; ce sont les maris qui opèrent les versements. Mais Cluvius, dont nous savons qu'il est marié *per coemptionem*, prend sur sa *res familiaris* pour doter des cognats de sa femme *in manu*, et qui par là ne sont même plus légalement de la famille de sa femme. L'atmosphère est toute différente de celle des textes juridiques[3].

Dernier mystère, la *filia mihi supstituta* de II, 53. Il s'agit sans doute d'un projet manqué d'adoption[4]. Qu'ils aient eu ou non des enfants (je ne crois pas qu'ils en aient eu)[5], les époux étaient sans enfants au soir de leur vie et voulurent sortir de l'*orbitas* pour des raisons de sentiment[6]. Mais la femme mourut avant que ce projet ait pu se réaliser[7].

1. Mais il ne peut être question ici de *societas omnium bonorum* malgré E. Cuq., *Institutions*, 2e éd., I, p. 237, n. 8, qui rapproche *Dig.* XXXIV, 1, 16, 3 ; cf. Mommsen, *Ges. Schr.*, I, p. 415, qui cite Colvm. XII, praef. 8. En dernier lieu V. Arangio-Ruiz, *Font. iur. Rom. anteiust.*, III, p. 213, n. 1, qui réfute Del Chiaro, *Contrat de société*, Paris, 1928, p. 111 et Poggi, *Contratto di società*, Turin, 1930, p. 32.

2. Vollmer, p. 489, à propos de la *laudatio Murdiae : Sed haec laudatio, licet occasione data res iuridicas tractet, non est documentum iuris ideoque in hac re magis sensus sequi potest quam ius.*

3. F. Lanfranchi, *Le definizioni e il concetto del matrimonio nei retori romani*, dans *Studia et Documenta*, I, 1936, p. 3-12. On a vu là une influence de l'Etrurie ; cf. Marcel Renard, dans les *Mélanges Marouzeau*, Paris, 1947, p. 505.

4. Mommsen, *Ges. Schr.*, I, p. 418, n. 1.

5. On verra dans le commentaire que le sens de II, 26, *fuerunt optati liberi*, est une des énigmes du texte.

6. On sait que les lois caducaires d'Auguste, qui atteignaient les *orbi*, sont postérieures à notre *laudatio*.

7. Huschke, *loc. cit.*, p. 175, a bâti là-dessus une surprenante histoire. Le laudateur aurait voulu faire tardivement une *coemptio* avec sa femme, par là elle devenait *filiae loco* et le mari sortait donc de l'*orbitas*(!) ; mais la femme meurt la première ; alors le veuf n'aura

*
* *

Evidemment notre épitaphe pose plus de problèmes qu'elle n'en résout. Encore lui doit-on plusieurs informations, que pour terminer nous allons résumer. Le mariage *per coemptionem* était encore pratiqué au milieu du Ier siècle avant l'ère chrétienne, puisque tel était le lien qui unissait pour le moins la sœur et Cluvius[1]. A la même date on pouvait encore parler de la tutelle des gentils, mais elle tombait en désuétude et nous avons ici la dernière mention qui nous soit parvenue de cette règle[2]. D'ailleurs la façon dont le problème se présentait paraît bien prouver qu'une femme instituée héritière échappait à la tutelle légitime[3]. Enfin si à la sœur était destiné un legs partiaire, notre éloge serait, après un passage du *pro Caecina*[4], le plus ancien document y faisant allusion[5]. Ainsi apparaît par ce qu'il apporte de sûr combien est important ce texte épigraphique[6]. Important aussi par tout ce qu'il cache encore aux juristes curieux et sagaces, qui ont plus de goût pour la recherche que pour la science achevée.

qu'une ressource qui sera de se remarier (II, 55) et il pourra avec sa seconde femme réaliser la combinaison qui avait échoué avec la première. Si pareille explication était la bonne, il faudrait en conclure que nous ignorons tout de la vie romaine, ce qui est bien possible.

1. P. Bonfante, *Corso*, I, Rome, 1925, p. 47 ; P.-F. Girard, *Manuel*, p. 166, n. 3 (mais l'interprétation de I, 14 demeure douteuse ; *uid. sup.* p. LXXII, n. 6) ; J. Carcopino, *La Vie Quotidienne*, p. 101.
2. Accarias, *Précis*, I, p. 338 ; P.-F. Girard, *Mélanges*, I, p. 372 ; *Manuel*, p. 223 et n. 3 ; p. 897 et n. 1 ; E. Cuq, *Institutions*, 2e éd., II, p. 151, n. 2 ; Monier, *Cours*, I, § 190, p. 328 ; § 227, p. 412.
3. F. de Visscher, *Etudes...*, p. 92-97 ; cf. Monier, *Cours*, I, § 227, p. 412.
4. Cic., *Caec.* 12.
5. Accarias, *Précis*, I, p. 1067, n. 3.
6. Cf. P.-F. Girard, *L'Epigraphie latine et le Droit romain*, dans *Mélanges*, I, p. 343-414.

GENRE ET PLAN

La laudatio *priuata pro contione* a été la forme la plus répandue, la forme typique de la *laudatio*[1]. On a discuté pour savoir si notre éloge en était une. Mommsen avait décrété que non, parce que l'auteur s'adresse non pas aux Quirites, mais à la morte et il définit le texte « une inscription funéraire rédigée sous la forme d'un discours du mari à la défunte »[2]. A quoi Vollmer a répondu qu'il existe des *laudationes* où l'orateur s'adresse au mort, qu'une apostrophe aux Quirites pouvait se trouver dans le début qui est perdu, que le ton est celui d'un discours, qu'enfin le mari a dû apporter quelques retouches pour transformer sa harangue en épitaphe ; en un mot il s'agit pour lui, sans doute possible, d'une *laudatio*[3]. Réfutation inattaquable et à laquelle j'ajouterai un argument nouveau. Il est indéniable qu'il existe entre notre inscription et celle de Murdia

1. *Vid. sup.* p. XVII et p. XXII.
2. Mommsen, *Ges. Schr.*, I, p. 404, d'où l'appellation consacrée par le *Thesaurus* de *Laus* [*Turiae*] ; mais cf. Sen., *ep.* 102, 15-16, *aliud est laus, aliud laudatio, haec et uocem exigit itaque nemo dicit laudem funebrem, sed laudationem, cuius officium oratione constat...*
3. Vollmer, p. 494-495 ; même idée chez Hübner, dans *Hermes*, I, 1866, p. 466.

des ressemblances profondes. Or le fils de Murdia appelle expressément son allocution *laudatio*[1].

Toutefois je serais tenté de me séparer de Vollmer en pensant que dans ces deux cas il ne s'agit pas de *laudationes pro contione.* Il n'est pas vraisemblable que chaque enterrement de la bonne société ait donné lieu à un discours aux rostres. On me dira que le centre de Rome ressemblait à ces lieux de kermesse où l'on va, qui à la taverne, qui au bal, et qu'il y en avait pour tous les goûts. Les enterrements qui le traversaient n'arrêtaient pas la vie du forum et n'empêchaient ni les politiciens de haranguer, ni les avocats de pérorer. Cicéron raconte que Crassus plaidant contre un Brutus profita de l'enterrement, qui passait à proximité du tribunal, d'une vieille dame de la famille de l'accusé pour faire honte à celui-ci d'avoir dissipé son patrimoine[2] et j'ai déjà rappelé le Novius d'Horace qui discourait malgré les fanfares funèbres[3]. Pourtant je ne pense pas que le forum ait été journellement encombré de *laudationes* comme Hyde Park de sermons dominicaux[4]. Surtout je n'oublie pas que l'éloge *pro rostris* nécessitait une autorisation du Sénat ou du Prince[5] et sous l'Empire, à en croire les échos qui nous sont parve-

1. *C.I.L.* VI, 10230 = Dessau 8394 ; cf. lignes 17 et 22. Ici le laudateur appelle son texte *oratio* (II, 22, *parcamus orationi ;* 67, *ultumum huius orationis*).

2. Cic., *de or.* II, 225-226, *quom casu in eadem causa efferretur anus Iunia...*

3. Hor., *sat.* I, 6, 42-44 ; *uid. sup.* p. xiii, n. 2.

4. La traversée du forum par le cortège était assurée aux enterrements distingués et la chose était devenue proverbiale comme le prouve une allusion que le hasard m'a fait trouver dans Commodien, *Instr.* II, 33, 6 : *prouerbia nosti quae per forum efferri uolebat,* « ...le proverbe de la femme qui voulait que son enterrement passât par le forum. » Mais traversée du forum ne veut pas dire *laudatio.*

5. *Vid. sup.* p. xviii, n. 1 et Marquardt, *Vie privée,* I, p. 420, n. 3.

nus[1], la *laudatio in contione* n'a plus été peu à peu accordée qu'aux membres de la famille régnante et aux plus éminents des *priuati*[2]. Alors je pense à la différence qui existe chez nous entre les enterrements exceptionnels avec oraison funèbre ou discours de quelque ministre et tous ceux où trouve simplement place l'allocution d'un chef de service ou d'un collègue. Je crois donc qu'en souvenir de la *laudatio* ancienne *ad sepulcrum* et surtout à l'imitation de la *laudatio priuata pro contione*, dans les familles de la haute société la coutume s'était introduite d'un discours prononcé par un proche parent à un moment des obsèques, peut être pendant la crémation[3]. La coutume se répandit dans tout l'empire et c'est à elle que Lucien fait allusion dans son irrévérencieuse diatribe *de luctu*, quand il dépeint la mère ou le père sortant de l'assistance et s'avançant devant le bûcher ou le tombeau pour prononcer quelques paroles[4]. *Laudationes* les éloges de notre matrone et de Murdia, mais *laudationes* demeurées dans l'intimité et prononcées « au cimetière » devant ceux qui avaient eu l'amitié de *portas ultra procedere*[5].

***

Cicéron faisant au second livre du *de oratore* le plan de la *laudatio*[6] rappelait qu'il convenait d'y

1. *Vid. inf.* p. 65, Appendice, liste des principales *laudationes* attestées.
2. *Vid. sup.* p. XVII, n. 1.
3. Cf. MARQUARDT, *Vie privée*, I, p. 421, n. 2.
4. LUC., *luct.* 13, εἶθ' ἡ μήτηρ ἢ καὶ νὴ Δία ὁ πατὴρ ἐκ μέσων τῶν συγγενῶν προελθὼν... φωνὰς ἀλλακότους καὶ ματαίας ἀφίησι ; — 23, ἔνιοι... λόγους ἐπιταφίους εἶπον ἐπὶ τῶν μνημάτων (alors la mère ou qui mieux est le père sort de l'assistance pour prononcer des paroles aussi absurdes que vaines ; ...il y en a qui prononcent des éloges funéraires sur les tombes).
5. PROP., IV, 7, 29.
6. CIC., *de or.* II, 43-48 ; 341-348.

passer en revue les *bona naturae et fortunae, aut corporis* (par exemple la beauté ou la force) *aut extraneae* (par exemple la richesse ou les amitiés)[1], et finir par les diverses vertus[2], auxquelles on rattacherait les exploits qui les illustraient, *res gestae ad quoiusque uirtutis genus*. Mais avant tout il y avait eu, comme le rappelle Quintilien[3], le plan chronologique — *rerum ordinem sequi*[4] — et le plan par vertus — *in species uirtutum diuidere laudes* — n'était venu que plus tard. Il convenait bien mieux aux éloges tels que les rhéteurs et les logographes les avaient conçus, c'est-à-dire à l'*encômion* grec ou d'inspiration grecque. Le cas de la *laudatio funebris* est tout différent, puisqu'elle est autochtone[5].

Son plan, ce n'est pas dans les ouvrages de rhétorique que nous le trouverons, mais dans le schéma de la vénérable *laudatio* de Metellus que nous avons déjà vantée[6]. Plaintes, origine du défunt, ancêtres[7], rappel chronologique des *res gestae*, des *honores*, vie privée, patrimoine, descendance, consolations et formules funéraires. Selon les circonstances le schéma se modifiait. Voici ce qu'il est devenu pour notre *laudatio* :

première lacune de 22 lignes environ;

1. Cic., *de or.* II, 45-46, *pecuniae, propinquorum, amicorum, formae, uirium, ingeni et ceterarum rerum, quae sunt aut corporis aut extraneae.*

2. Cic., *de or.* II, 46, *quid sapienter..., quid liberaliter, quid fortiter, quid iuste, quid magnifice, quid grate, quid humaniter,...* (cf. Arist., *Rhet.* I, 9).

3. Qvint., III, 7 [*de laude et uituperatione*] ; cf. XI, 3, 153.

4. Cf. Cic., *part.* 75, *aut enim temporum seruandus ordo est.*

5. *Vid. sup.* p. xiv.

6. *Vid. sup.* p. xli.

7. Tac., *ann.* XIII, 3 ; Gell., XIII, 20 ; Hier., *ep.* 60, 8. Polybe dit (IV, 54) que les exploits des ancêtres n'étaient rappelés qu'une fois la *laudatio* du mort terminée.

I, 3-6, assassinat des parents ;
7-12, punition des meurtriers ;
13-26, testament du père ;
27-36, qualités et vertus ;
37-41, patrimoine du ménage ;
42-51, dotation des parentes pauvres ;
deuxième lacune de 18 lignes environ ;
II, 2*a*-10*a*, événements de 49 ;
troisième lacune de 12 lignes ;
1-24, la proscription de 43 ;
25-50, fin des guerres civiles, projet de divorce ;
51-68, plaintes du veuf ;
69, formule de prière.

Le début pouvait être consacré à la famille et à la jeunesse. Puis commence un récit chronologique, interrompu par une glorification des vertus de la défunte, à quoi se rattache assez naturellement pour des Romains un paragraphe sur le patrimoine des deux époux. Ensuite reprend le récit chronologique, qui commençait dans la deuxième lacune ; allusions à la guerre civile de 49-48 ; dans la troisième et dernière lacune se plaçait le récit de ce qui s'est passé entre le succès de César et sa mort et des premières années du jeune ménage ; puis on continue avec la proscription de 44-43. La paix civile est revenue et le principat s'installe. Il n'y a plus pour le couple que des événements privés. Au milieu de leur âge une crise grave survient. La femme sans enfants offre de laisser la place à une femme plus jeune. Le mari refuse cet extraordinaire sacrifice et il n'a plus qu'à laisser échapper ses plaintes. Une sèche formule de prière clôt le discours.

Ainsi le laudateur a suivi l'ordre des faits, tout

bonnement. Cet ordre historique d'ailleurs, il n'hésite pas à le rompre vers le premier quart du texte par un développement sur les qualités de la morte et sur la bonne entente financière du ménage. Cette digression est due à un de ces caprices de composition, dont les œuvres de l'antiquité offrent tant d'exemples. Mais elle ne change rien au fait que le plan suivi dans l'ensemble est non pas le plan *per uirtutes* cher aux rhéteurs, mais le plan chronologique, le plus naturel et le plus ancien.

LANGUE ET STYLE

L'*orthographe* et la *morphologie* d'un texte des environs de l'ère chrétienne, émanant de la bonne société, gravé à Rome même, ne peuvent pas ne pas être d'un intérêt capital. En effet les derniers textes épigraphiques de quelque ampleur qui précèdent notre inscription — les grandes lois juliennes[1] — sont de cinquante ans antérieurs. Quant aux textes contemporains, ils sont plus rares qu'on ne croirait ; si l'on tient compte de la façon dont a pu parvenir et être gravé au fond de l'Asie Mineure la rédaction latine des *Res Gestae*[2], si l'on se rappelle que l'inscription de l'autel de Narbonne n'est sans doute qu'une restauration[3], on ne peut guère citer de la même période, outre la *laudatio Murdiae* de date incertaine[4], que les *decreta Pisana* de quelques années postérieurs[5]. Durant le demi-siècle qui sépare la mort de notre matrone de celle de César l'ortho-

1. Par ex. *C.I.L.* I², 593 = Dessau 6085, *lex Iulia municipalis ; C.I.L.* I², 594 = Dessau 6087, *lex coloniae Genetiuae ;* cf. *C.I.L.* I², p. 478 et suiv.
2. *Res Gestae diui* Avgvsti, éd. Gagé, p. 47-53.
3. *C.I.L.* XII, 4333 = Dessau 112.
4. *C.I.L.* VI, 10230 = Dessau 8394.
5. *C.I.L.* XI, 1420-1421 = Dessau 139-140.

graphe s'est transformée et l'absence de témoins intermédiaires fait apparaître notre texte comme réalisant d'emblée une orthographe rénovée, issue pourtant de tâtonnements dont il a gardé un minimum de traces. Nous avons là le prototype de l'orthographe latine sitôt passés les siècles classiques de Cicéron et de Virgile, l'orthographe du Haut-Empire. Je ferais commencer à notre *laudatio* une subdivision dans la deuxième période (102 av. J.-C.-54 apr. J.-C.) de Brambach[1].

C'est ainsi qu'on remarque d'abord l'utilisation du système par lequel les voyelles longues par nature sont marquées pour *a*, *e*, *o*, *u* par *l'apex*, pour *i*, par l'*I longa*[2]. Quelques monnaies de la fin de la République ont gardé souvenir des premières tentatives. Mais ici la pratique s'est généralisée et a été appliquée avec un tel soin que seules de rares fautes se sont glissées[3].

En second lieu il faut insister sur la graphie de l'*I*. Notre texte abandonne définitivement la graphie *ei* pour *I*[4]. Dans la *laudatio Murdiae*, dans les *decreta Pisana*[5], dans les *Res Gestae*, on a encore

1. W. Brambach, *Die Neugestaltung der lat. Orthographie*, Leipzig, 1868, p. 22-27 ; sur l'orthographe de notre texte Mommsen, *Ges. Schr.* ; I, p. 405-406 ; Vollmer, p. 492-493.

2. Leumann-Hofmann, § 10, p. 49 ; l'*I longa* est remplacé par l'*i* avec *apex*, semble-t-il, en deux places du fragment de la Via Portuense (II, 5a ; 11a).

3. F. Ritschl, *Opuscula*, IV, Leipzig, 1878, p. 378, constate que les lapicides placent souvent l'*apex* « mit einer gewissen coulanten Nonchalance » ; ici on notera seulement dans l'emploi de l'*apex* ou de l'*I longa* les erreurs suivantes : II, 6a, *túa* ; 10, *tibi* ; 19, *efficacius* ; 41, *túos* ; deux omissions 36 *patrimoni* ; 61, *propugnatricem* ; à la ligne 7 *passá* semble bien un nominatif, mais le texte est mutilé.

4. Leumann-Hofmann, § 9, p. 49 ; § 57, p. 76.

5. Par ex. dans les *decreta Pisana* (*uid. sup.* p. lxxxiii, n. 5), lignes 11-12, *deuicteis aut in fidem receptis* ; dans un texte en cursive, sans doute de la même époque, lignes 1 et 5, *conserueis* (*Pap. Berlin* 13956; cf. Mallon, etc..., *L'écriture latine*, Paris, 1939, pl. XIII, n° 19).

des exemples de *ei*. C'est par la disparition des formes en *ei* que notre inscription se distingue de tous les textes antérieurs et marque le début d'une ère neuve.

Voyelles. — *ŏ* s'est maintenu dans I, 37, *tuom*[1] ; II, 17, *uolneribus ;* dans I, 21 et II, 9*a*, *quoius ;* II, 18, *quoi* ; pour la conjonction il y a hésitation entre *quom* (II, 23 ; 49) et *cum* (I, 4 ; 32 ; 42 ; II, 3*a*) ; la préposition est selon la règle toujours écrite *cum ;* signalons la forme II, 33, *uocuam*[2]. *ŭ* s'est maintenu dans I, 42, *plurumis* ; II, 11, *acerbissumum ;* II, 43, *fidissuma ;* II, 67, *ultumam ;* mais on a les formes — qui ont échappé à Mommsen — I, 9 *sanctissima ;* I, 43, *simillimam ;* II, 15, *firmissimo*. De même l'apophonie n'a pas encore joué pour I, 6, *emancupata ;* I, 21, *legitumae*, alors qu'on a la graphie assez rare II, 12 *benificio*[3] ; *diuertium* (I, 27 ; II, 41) présente un cas de respect de la règle phonétique.

Un cas de syncope avec I, 15, *reccidisse* et plusieurs de contraction : II, 40, *necessest ;* II, 58, *derunt ;* II, 69, *di*. Les génitifs singuliers des thèmes en — *io* — sont en *i :* I, 30, *opséqui ;* II, 36, *patrimoni*, tandis que les datifs-ablatifs pluriels sont en *iis :* I, 23, *iis ;* I, 30, *lanificiis ;* I, 42, *necessariis ;* I, 45, [*of*] *ficiis ;* II, 6, *consiliis ;* II, 45, *dubiis ;* on sait que les *Res Gestae* hésitent déjà pour ces terminaisons entre *is* et *iis*.

Consonnes. — *xs* est noté *x* : I, 12, *expectasti ;* II, 10*a*, *exul ;* II, 43, *exule* ; en finale on lit II, 46,

1. Les formes de la *pagina I* ne nous étant parvenues que par des copies du XVIIe s., sont beaucoup moins sûres que celles de la *pagina II ;* nous les notons cependant.

2. Partout on a *Cluuius* (I, 46, 47 ; II, 9) ; sur les graphies CLOVI et CLVI des monnaies républicaines, MOMMSEN, *Ges. Schr.*, I, p. 407, n. 1.

3. *Benificium, Thes.* 1878, 57 ; cf. *C.I.L.* VIII, 10525 (ép. de César) ; XII, 4333 (ép. d'Auguste).

aput, comme dans la *lex Iulia municipalis*. La simplification des consonnes doubles n'est pas encore opérée dans *caussa* (I, 18 ; II, 32). Devant voyelle on a le plus souvent *neque* (I, 22 ; 25 ; 38 ; II, 46 ; une seule fois *nec*, II, 64) ; devant consonne une fois *nec* (I, 21) et une fois *neque* (II, 36). Dans la plupart des cas les préverbes ne sont pas assimilés : II, 36, *adf[irm]ares ;* II, 14, *adleuata ;* I, 38, *adquirendi ;* — II, 30, *conlata* ; II, 13, *conlega*[1] ; I, 17, *conpertum ;* — II, 5, *inminentia ;* II, 57, *inmortalitati ;* II, 20, *inportunam ;* II, 10*a*, *inrupturum ;* mais on rencontre pourtant : II, 10, *attingere ;* I, 18, *communem* et même I, 26, *succeptum*[2]. L'assimilation régressive a joué pour II, 5*a*, *apsentiam ;* II, 12, *apsentis ;* I, 30, *opsequi ;* I, 20, *optinuisses ;* II, 53, *supstituta*. Notons enfin en trois mots séparés par des points *fors. sit. an* (II, 29).

Graphie et morphologie se côtoient et se mêlent. Si nous avons déjà signalé les formes du relatif ou les terminaisons des thèmes en — *io* —, nous notons ici les formes du *perfectum*. Les formes pleines sont aussi fréquentes que les contractées ; à : II, 28, *agitau[eris] ;* I, 33, *curaueris ;* I, 45, *educauistis ;* I, 43, *nominauerit*, on opposera : II, 54, *delegasti ;* I, 12, *expectasti ;* II, 5*a*, *locupletasti ;* I, 25, *sollicitarunt*. Faisons place enfin à la forme à redoublement II, 54, *praecucurristi*, à la forme nouvelle renforcée II, 64, *necutro*[3].

Somme toute on voit combien il est ici peu de trace

1. *Collega*, depuis *C.I.L.* I², p. 58 (23 av. J.-C.).
2. Cf. LVCR., V, 402 ; VIRG., *Aen.* I, 175 ; VI, 249.
3. LEUMANN-HOFMANN, p. 288 et 489 (*contra* SOMMER, *Handbuch*, p. 469).

de la graphie républicaine. Ainsi notre *laudatio* fait figure de texte classique, ce qui, comme on sait, veut dire, en matière d'orthographe, postclassique.

***

En ce qui touche à la *syntaxe* le texte offre bien moins d'intérêt. On trouvera dans les notes du commentaire le détail des observations qu'il suggère à ce propos. Parmi les anomalies : les pluriels *lanificiis* (I, 30) et *occasionibus* suivi d'un génitif (II, 10*a*), les constructions de *curare* avec un nom de chose pour complément (I, 33) et de *pati* avec l'infinitif (II, 27) ; l'adverbe *extra* au sens de *praeterea* (II, 68), l'expression *sub condicionem* (I, 21), *dum* et l'imparfait de l'indicatif (I, 10). La syntaxe est normale et si l'on est choqué par la familiarité (I, 40 ; 45 ; etc.) ou la maladresse (I, 27-29 ; II, 7*a* ; etc.) de certains tours, ces défauts nous mènent aux confins de la syntaxe et du style.

***

Le texte n'est pas vraiment métrique. Voici ce que je veux dire. Je me suis fait une loi de ne retenir que les fins de phrase où les éditeurs ont jugé un point nécessaire ; beaucoup de ces fins de phrase nous échappent d'ailleurs à cause des lacunes de l'inscription et j'ai même laissé de côté les cas où l'une de ces lacunes ampute la clausule[1]. J'ai pu ainsi classer 34 *clausules* qui se répartissent ainsi :

1. II, 3 ; 21 ; 28.

7 dichorées (– ∪|– ∪)[1].
6 dispondées (– –|– –)[2].
5 spondées-crétiques (– –|– ∪ –)[3].
4 spondées-péons 1ers (– –|– ∪ ∪ ∪)[4].
3 trochées-crétiques (– ∪|– ∪ –)[5].
3 choriambes-spondées (– ∪ ∪ –|– –)[6].
2 crétiques-trochées (– ∪ –|– ∪)[7].
2 spondées-péons 4èmes (– –|∪ ∪ ∪ –)[8].
1 péon 4ème-trochée (∪ ∪ ∪ –|– ∪)[9].
1 dactyle-spondée, clausule héroïque (– ∪ ∪/– –)[10]

Tableau honorable, dira-t-on, et cette statistique paraît contredire mes prémisses. Non, si on l'interprète comme il faut, sans se laisser au sujet d'un problème littéraire aveugler par les chiffres. Je suis persuadé que nombre de ces clausules ont été fortuites et involontaires. Je note en effet que les combinaisons du crétique sont proportionnellement rares, le crétique-spondée en particulier ; surtout, le double crétique — un des mètres de prédilection du rythme cicéronien — est totalement absent. Plusieurs combinaisons du péon, mais la plus fameuse, l'*esse uideatur* (péon 1er-trochée), n'est pas représentée. Par trois fois l'auteur s'est contenté de la très médiocre clausule choriambe-spondée, parce qu'il laissait la forme verbale en fin de phrase ; s'il l'avait déplacée, il aurait obtenu chaque fois et sans peine des clausules

1. I, 6 ; II, 26 ; 38 ; 53 ; 69, *tue|āntür|ōptŏ*, mots qui terminent la *laudatio*.
2. I, 12 ; 24 ; 29 ; II, 6 ; 54 ; 62.
3. I, 34 ; 40 ; 49 ; II, 18 ; 58.
4. I, 16 ; 17 ; 28 ; II, 66.
5. I, 45 ; II, 2 ; 41.
6. I, 26 ; II, 5a ; 8a.
7. II, 11a ; 55.
8. II, 45 ; 47.
9. II, 60.
10. II, 10.

préférables. Ailleurs il a suivi l'ordre analytique et achevé sa période sur un spondée-péon 1er (I, 16, *emancu|pāt(a) ēs|sēt Clŭuĭo*), alors que l'ordre synthétique lui donnait en terminant par le temps composé la clausule crétique-trochée, bien meilleure. De tous ces indices je conclus que si nos fins de phrase peuvent être scandées, cet aristocrate, bien qu'il eût fait sa rhétorique, n'a en aucune façon cherché à multiplier les clausules chéries des connaisseurs.

***

Aucune recherche non plus dans *l'ordre des mots*, encore qu'il obéisse ici à deux règles, qui d'ailleurs s'opposent. D'une part, on a le plus souvent l'ordre habituel et banal du latin écrit : le complément précédant le complété, le verbe en fin de proposition, etc. Mais d'autre part on a aussi l'ordre qui a dû être celui du latin parlé et qui concorde avec celui des langues analytiques : l'accusatif suivant le verbe ; trois phrases s'achevant sur un pronom personnel au datif[1] ; voici enfin de cet ordre trois exemples typiques : II, 58, *fructus uitae tuae non derunt mihi ;* II, 59, *doctus actis tuis resistam fortunae* ; II, 63, *naturalis dolor extorquet constantiae* (datif) *uires.* Ils sont tous dans la dernière partie, à un moment où le laudateur se laisse aller, selon sa propre expression, à la douleur « naturelle ». Faut-il en conclure que l'émotion sincère, et non littéraire, répudiait l'ordre des mots que l'on tient comme propre au latin ?

1. II, 41 ; 58 ; 68.

***

Si l'on veut porter un jugement d'ensemble sur le style de notre *laudatio*, on arrivera à des conclusions similaires : « Le style est assez contourné et rappelle plus Velleius que Cicéron », a écrit Mommsen[1]. Sévérité justifiée, mais ce style ne me rappelle pas plus la platitude de Velleius que la limpidité savante de Cicéron et j'en remarque plus la monotonie et la maladresse que la complexité. Monotonie du vocabulaire et des procédés de développement. Si l'on ne retient pas divers termes techniques de droit, l'attention n'est éveillée que par *speculatrix* et *propugnatrix* (II, 61), exceptionnelles audaces. Car partout ailleurs toujours reviennent les mêmes mots : *domus* et *consilium*, *memoria* et *fides*, *fatum* et *fortuna*, *communis* et *proprius*, *parare* et *agitare ;* quant à *pius* et *pietas*, ils constituent les leitmotive de cet hommage à la vertu. De même les développements sont tous construits de façon identique. D'interminables phrases — le mot période serait impropre, tant la juxtaposition domine — racontent les faits et sont suivies de courtes phrases, qui les résument et les jugent. Non certes, la rhétorique ne tient pas ici beaucoup de place[2] : des apostrophes, quelques allitérations, un chiasme. Le plus grand défaut de ce style est de n'avoir point de caractéristique. C'est celui

1. Mommsen, *Ges. Schr.*, I, p. 406 ; son jugement fut repris par Vaglieri, dans les *Notizie Scavi*, 1898, p. 413 ; de Sanctis, dans les *Atti Acc. Sc. Torino*, 1913, p. 273 ; Costa, dans le *Bull. Com.*, 1916, p. 28, écrit que ce discours est « stylistiquement parlant... une bien pauvre chose ».

2. Quoi qu'en ait dit Vollmer, p. 495, n. 2 ; *uid. sup.* p. XLIII et n. 1.

d'un homme qui n'a pas tout à fait oublié son éducation libérale, mais qui ne sait pas écrire. On est entre la littérature et le naturel ou plutôt — avec toutes les réserves qu'imposent ces sortes de formules — le discours va de la littérature au naturel. Le début est net ; c'est de la bonne littérature ; cet effort l'ayant vite épuisé, le laudateur dès le milieu de la première partie se laisse aller à la mauvaise littérature, aux lourdeurs, voire au galimatias[1] ; dans les vingt dernières lignes enfin il est lui-même et le cœur parle. Je ne tiens pour notables ici que deux faits de langue qui ressortent à la même antithèse. D'un côté la fréquence des mots abstraits, dont l'exemple le plus probant est l'*apsentiam meam locupletasti* du fragment de la Via Portuense (II, 6*a*) ; sous l'influence de la littérature le latin avait en grande partie cessé d'être concret[2]. Mais d'un autre côté la constance de l'asyndète ; au début des paragraphes, que le lapicide a bien marqué en faisant sortir la ligne, au début des phrases, l'asyndète est la règle ; et là nous retrouvons un des caractères du latin hors de la littérature ou avant elle ; les liaisons sont cicéroniennes, c'est-à-dire qu'elles sont grecques; par l'asyndète entre autres, la *laudatio*, même à la fin du principat d'Auguste, restait fidèle à la langue parlée de toujours et à la vieille langue écrite.

1. C'est pourquoi notre traduction sera souvent une laide fidèle.
2. J. Marouzeau. *Quelques aspects de la formation du latin littéraire*, Paris, 1949, p. 107 et suiv.

UNE FEMME ROMAINE

La *laudatio funebris* est restée, tant pour la pensée que pour la forme, fidèle aux antiques traditions ; cette loi du genre le rend d'autant plus instructif pour l'histoire de la langue comme pour celui des mœurs. Est-ce à dire que la *laudatio* fut toujours sincère ? Loin de là[1]. Les anciens ont été les premiers à railler les mensonges que les laudateurs ont glissés dans leurs développements. La phrase du *Brutus* que nous avons citée, s'achevait ainsi : *ipsae enim familiae sua quasi ornamenta ac monumenta seruabant et ad usum, si quis eiusdem generis occidisset, et ad memoriam laudum domesticarum et ad illustrandam nobilitatem suam. Quanquam his laudationibus historia rerum nostrarum est facta mendosior. Multa enim scripta sunt in eis quae facta non sunt*[2]. A l'historien de l'éloquence répond en écho l'historien

1. W. Soltau, *Die röm. Laudationen u. ihr Einfluss auf die Annalistik*, dans la *Deutsch. Zeitschr. f. Geschichtswesen*, N.F., II, 1897-1898, p. 105 ; du même, *Livius' Geschichtswerk*, Leipzig, 1897, p. 95-101 ; cf. ch. IX, Die Laudationenliteratur, qui cite VI, 34-42 comme exemple d'un passage où Tite-Live, ou sa source, s'est inspiré d'une *laudatio* de la *gens Licinia*.

2. Cic., *Brut.* 61-62 ; *uid. sup.* p. XXXVII et n. 4 ; cf. *leg.* II, 63.

tout court, pour qui ces falsifications intéressées causent encore plus de dommages. Tite-Live note à propos d'un Fabius de l'époque des guerres samnites : *uitiatam memoriam funebribus laudibus reor falsisque imaginum titulis, dum familiae ad se quaeque famam rerum gestarum honorumque fallenti mendacio trahunt*[1]. Plus curieux encore est le texte où il évoque la critique de Coelius Antipater qui, à l'occasion de la mort de Marcellus, précise qu'à la renommée et au texte de la *laudatio* prononcée par le fils du consul de 208 il préfère les résultats de sa propre enquête[2]. Sous l'Empire rien n'était changé et Pline estimait que les *laudationes* fictives écrites plusieurs années après la mort des bénéficiaires avaient au moins des chances d'être plus véridiques[3]. Dans ce jugement humain et avant-dernier qu'est l'éloge funèbre la vérité nue serait une inconvenance. Il est plus généreux et, comme le veut Michelet[4], plus juste de magnifier les morts.

***

Pourtant cet éloge-ci laisse une impression de sincérité. A cause de sa précision. Quand la *laudatio* félicite une Murdia d'avoir été une femme comme les autres, quand elle se contente de louanges passe-partout, quand elle accumule les inexactitudes pieuses ou intéressées, elle éveille le doute, parce

1. Liv., VIII, 40 ; remarquez que la *laudatio* est liée dans l'esprit des anciens aux *elogia* des *imagines*, dont elle est pour ainsi dire le développement ; *uid. sup.* p. xvii, n. 6.
2. Liv., XXVII, 27, 12.
3. Pl., *ep.* VIII, 12, 5.
4. Michelet, *Hist. de France*, IV (1840), p. 153 : « La mort, ce pieux et irréprochable témoin, nous apprend, selon la vérité, selon la charité, qu'en chaque homme il y a ordinairement plus de bien que de mal. »

qu'elle dessine un portrait idéal. Mais l'existence que retrace notre laudateur avait en marge du train-train connu de singulières péripéties et il ne parle du banal que par prétérition pour faire de l'extraordinaire l'essentiel de son discours, *propria sunt tua quae uindico*. Il raconte complaisamment les faits, en détaille les épisodes : cela donne confiance.

Et que trouvons-nous ? La vie d'une femme exceptionnelle qui a su être héroïque en toute occasion. Sa jeunesse s'est déroulée durant une des périodes les plus sinistres de l'histoire, au milieu des assassinats, des émeutes, des guerres et des horreurs qu'elles traînent après elles. Chaque fois que le danger est apparu, elle lui a fait face ; chaque fois que les siens ont eu besoin qu'elle les aidât, elle a répondu : Présente. On tue ses parents, elle fait exécuter les meurtriers ; on veut atteindre les biens familiaux, elle résiste à la chicane ; son fiancé est contraint de fuir les suites de Pharsale, elle se dépouille pour lui et trompe la surveillance des policiers ; on attaque sa maison, elle soutient un siège ; on proscrit son mari, elle le cache au péril de sa vie ; il faut obtenir sa grâce quand Fulvie sévit, quand Lépide fait le tyranneau ; les satellites la brutalisent comme une esclave, mais elle se fait des armes de ses blessures mêmes. Amazone de guerre civile, elle traverse ces bandes de soudards forte, efficace et sans souillure.

La paix et le calme revenus, son héroïsme infatigable prend un autre tour. Femme sans homme, elle a agi en homme, mais elle consent à redevenir femme. Ayant commandé devant l'ennemi, elle n'hésite pas à rentrer dans le rang. De l'époque de son hégémonie elle ne conserve que le pouvoir d'exalter son mari au-dessus de lui-même, si bien qu'elle l'amène à rivaliser avec elle de générosité. Après avoir passé ses jeunes années en pleine violence, elle accepte, avec un courage simple et continu, plus méritoire pour les âmes indomptables que les exploits, de reprendre la direction de sa maison et de son atelier de fileuses, avec tous ces humbles travaux qu'il faut chaque jour recommencer.

Elle a eu toutes les vertus actives, celles où l'être se dépense et multiplie ses forces en les employant. Le dernier acte qu'elle veut faire, le plus difficile sans doute, est un acte de dépossession et la dernière vertu à quoi elle tende, une vertu d'effacement. C'est le trait le plus touchant, le plus célèbre aussi de cette *laudatio*. Les années passent et le couple est sans enfants. L'épouse s'accuse ; l'âge venant, elle redoute l'irréparable. Alors elle qui a tout fait pour son mari aux jours de danger, qui lui a ainsi prouvé une passion dont le vieil époux a la pudeur de ne pas parler, mais qui éclate au récit de ces vicissitudes, elle s'offre en sacrifice : elle propose le divorce. Elle a tout envisagé ; elle laissera la place à une femme plus jeune qu'elle aura choisie ; les enfants à venir seront siens ; sa fortune demeurera dans la maison ; après cette abdication elle restera comme une sœur auprès de la remplaçante bénie, auprès du mari qui évitera ainsi de voir s'éteindre le culte de son foyer[1]. A ces mots le mari entre dans une grande colère. Il repousse l'offre avec une véhémence par quoi s'expriment des sentiments tout modernes de

1. Sur la stérilité des femmes et ses conséquences conjugales, St. Jean Chrys., *In Annam sermo*, 1 ; cf. J. Dumortier, dans les *Lettres d'Humanité*, VI, 1947, p. 126.

reconnaissance et d'amour. Il aurait pu profiter de l'indulgence de l'opinion, qui aurait excusé un divorce justifié par le légitime désir d'avoir une postérité, alors qu'il s'en bâclait tant par caprice. Mais il n'avait rien oublié du passé. Quand la cruauté des triumvirs l'avait rayé des vivants, elle ne l'avait pas abandonné ; elle l'avait sauvé ; les épreuves partagées les avaient soudés pour toujours. Il pourrait célébrer leurs quarante et un ans de vie commune, quarante et un ans sans divorce, dans un siècle où cette constance de noces d'or tenait du prodige, *titulo res digna sepulcri*[1]. S'il avait laissé partir une pareille épouse, son ingratitude l'eût déshonoré à ses propres yeux.

Délicatesse qui nous paraît naturelle aujourd'hui, qui paraissait déjà naturelle aux contemporains, encore que le laudateur y insiste quelque peu. Pourtant sur ce ménage — une femme stérile et un mari qui en prend son parti — commençait à peser la malédiction dont les traditionnalistes, sous le principat d'Auguste, prévoyaient les redoutables répercussions. Des consolations la religion n'en apportait pas[2] ; l'eschatologie ne les troublait guère ; il suffit à l'époux de déclarer sa femme *sine superstitione* et de clore son hommage par une formule ; pas même de dévotion à Cybèle, de ferveurs isiaques ; respect des vieilles croyances et, selon toute probabilité, sans la foi. Alors l'automne de cette union a été un mélancolique *Vbi tu Gaius, ego Gaia*[3] et me fait songer à ces reliefs funéraires qui ont perpétué jusqu'à nous les

1. Ivv., VI, 230 ; mais on se rappelle que le satirique applique au contraire sa formule à une femme qui a eu huit maris en cinq automnes.
2. La belle définition de Modestin, *Dig.* XXIII, 2, 1, *nuptiae sunt... diuini et humani iuris communicatio,* ne fait allusion qu'au culte familial.
3. Plvt., *Q.R.* 30 ; cf. P.-F. Girard, *Manuel,* p. 180, n. 4.

vieux couples romains, raidis et mornes[1]. Il y a ainsi dans notre *laudatio* une tristesse de fin de race, presque une annonce de décadence. Cette matrone vertueuse et stoïque[2] n'a pas eu tout le bonheur qu'elle méritait, car elle est morte sans enfants et sans espérance.

Cependant il y avait sur elle un reflet des grands âges, car cette femme, qui a donné au dévouement des formes si variées et si rares, même dans le hors-série, a mis en pratique les vertus traditionnelles de sa race[3], que le puritanisme d'alors avait remises à la mode dans l'aristocratie. « Soucis juridiques, dévouement à l'État, rigidité morale », ainsi a-t-on défini « les préoccupations et les idées maîtresses » de l'ancienne Rome[4]. C'est ce que nous retrouvons sans effort dans notre texte cinquante ans après Cicéron, vingt ans après Virgile. Soucis juridiques, la lutte de cette fille contre les meurtriers de ses parents, contre les adversaires du testament paternel; dévouement à l'État[5], cette audace pour sauver un mari et servir le parti politique auquel il appartient ; rigidité morale, cette générosité au profit de

1. Sur ces reliefs funéraires, en dernier lieu, cf. O. VESSBERG, *Studien zur Kunstgeschichte der röm. Republik*, Lund-Leipzig, 1941, planches XXIV et suiv.

2. Rien ne nous autorise à dire stoïcienne. Les Romains ont d'abord été stoïciens sans le savoir ; puis au fur et à mesure que leur *uirtus* s'est amollie, ils ont appris la philosophie du Portique à laquelle la Rome de l'Empire dut encore quelques beaux exemplaires d'hommes et de femmes.

3. C'est ainsi par exemple que je comprends l'énumération I, 30-31, *Domestica bona pudicitiae...*, et non comme le fait FERRERO, *Grandeur et Décadence*, V, p. 69-70.

4. J. BAYET, *Histoire de la littérature latine*, Paris, 1934, p. 29.

5. Cf. R. PICHON, *Les questions féminines dans l'ancienne Rome*, dans la *Revue des Deux Mondes*, 1912, t. IV, p. 761 et suiv. ; BARBARA FOERTSCH, *Die politische Rolle der Frau in der röm. Republik*, dans les *Würzburgen Studien*, V, 1935 ; des vues neuves chez Simone de BEAUVOIR, *Le Deuxième Sexe*, Paris, 1949, p. 147-157 et 251 (cf. AVG., *Ciu. Dei*, VI, 9, 3).

parentes pauvres, surtout cette fidélité conjugale, ce sacrifice à l'espoir d'une descendance. Ce n'est plus la femelle que souhaitait Caton, ni l'éminente Cornélie avec ses douze enfants ; ce n'est pas — car la pente sera descendue — la femme juvénalesque, ni — car la pente sera remontée — une des disciples de saint Jérôme[1]. Bonne fille, bonne sœur, bonne bru, admirable femme surtout, notre héroïne est demeurée fidèle dans les crises comme dans le tous les jours aux vertus ancestrales qui avaient fait sa patrie si forte[2]. Une cassure de la pierre a rendu cette *laudatio* anonyme ; ainsi elle l'a rendue symbolique. L'éloge d'une matrone de Rome — *laudatio uxoris ignotae* — devient celui de l'Épouse romaine[3].

1. Sur la façon dont les Romains ont jugé les femmes, quelques suggestions dans P. de Labriolle, *Les Satires de Juvénal*, Paris, 1932, p. 193 et 201 ; voir aussi R. Paribeni, *La Famiglia Romana*, Rome, 1929, *passim* ; W. Kroll, *Die Kultur der ciceronischen Zeit*, Leipzig, 1933, II, p. 110.

2. Marquardt, *Vie Privée...*, I, p. 75 : « Les traits essentiels du caractère de la femme romaine : humeur dominatrice et jalouse d'autorité, austérité rêche, et conscience de sa propre valeur. » On a vu que chez notre héroïne il y avait bien autre chose encore ; cf. J. Carcopino, *Les Secrets de la Correspondance de Cicéron*, Paris, 1947, I, p. 306.

3. On peut consulter sur ce sujet les huit brochures parues jusqu'à ce jour dans la collection de vulgarisation dite *Donne di Roma Antica*, Ist. di Studi Romani, 1945-1946 : 1. E. Malvocati, *Clodia, Fulvia, Marzia, Terenzia* ; — 2. E. Paratore, *Plotina, Sabina e le due Faustine* ; — 3. G. Gianelli, *Giulia e Servilia* ; — 4. A.G. Amatucci, *Domitilla, Elena* ; — 5. A. Calderini, *Le donne dei Severi* ; — 6. E. Malcovati, *Donne ispiratrici di poeti* ; — 7. S. Mazzarino, *Serena,...* ; — 8. G. Corradi, *Cornelia e Sempronia*.

TEXTE ET TRADUCTION

Index Siglorvm[1]

Suarez A	Apographon fragm. A[2] a Suarez descriptum (Cod. Vat. lat. 9140, p. 134).
Ughelli	Apographon fragm. A ab Ughelli descript. in Doni chartis seruatum (Cod. Barb. lat. 2756, f. 1 = 598).
Barb. 30	Apographon fragm. A ab ignoto quodam descript. (Cod. Barb. lat. 2019.)
Suarez B 140	Apographon fragm. B a Suarez descript. (Cod. Vat. lat. 9140, p. 140.)
Suarez B 141	Apographon alterum fragm. B a Suarez descript. (*ibid.*, p. 141 ; cf. Mommsen, Ges. Schr., I, p. 398).
Sirmond	Apographon fragm. C a Sirmond descript. (Bibl. Nat. Cod. lat. 9696, fol. 13, nº 116).
C.I.L.	C.I.L., VI, 1527.
Mo. 1863	Mommsen, in Abhandlungen der Königl. Akad. der Wissenschaft. zu Berlin, 1863, p. 455 et sqq.
Vollmer	Vollmer, in Jahrbücher für class. Philologie, XVIII^{ter} Supplementband, 1892, p. 492 et sqq.[3].
Fragm. F	Fragm. a Gordon repert. et descript. (American Journal of Archaeology, LIV, 1950, p. 223-226).

1. De textu constituendo uid. sup. p. XLV et sqq., in primis, p. LIII n. 4.
2. Fragmenta A, B, C, tantum ex apographis cognouimus. Habemus autem Romae lapides fragmenta Viae Portuensis, D, E continentes.
3. Aliorum auctorum nomina in « Bibliographie » (uid. inf. p. 67) inuenies.

(Aux dieux mânes de) . . . .
femme de . . . .

. . . .

I. . . . . par l'honnêteté de tes mœurs. . . . . .
. . . . tu es demeurée honnête. . . . .

(3) Brusquement avant le jour de nos noces tu es devenue orpheline, ton père et ta mère ayant été assassinés ensemble dans la solitude de la campagne. C'est grâce à toi surtout — car j'étais parti pour la Macédoine et le mari de ta sœur Caius Cluvius pour la province d'Afrique — que la mort de tes parents ne resta pas sans vengeance.

(7) Tu t'es acquittée avec tant d'énergie de ce devoir de piété filiale, en portant plainte, en poursuivant, que si nous avions été sur place, nous n'aurions pas fait davantage. Mais tu partages ce mérite avec la vénérable femme qu'est ta sœur.

(1a)................................*u*XORIS

PAGINA I

(perierunt complura)

(1)............*mo*rum probit*ate*...........
(2) rum..........permansisti prob.........
(3) Orbata es re*pente ante nuptiar*um diem utroque pa*rente in rustica soli-* (4) tudine una occ*isis. Per te maxi*me, cum ego in Macedo*niam abissem*, (5) uir sororis tua*e C. Cluuius in A*fricam prouinciam, *non remansit inulta* (6) mors parentum.

(7) Tanta cum industria m*unere es p*ietátis perfuncta ef*flagitando*, (8) uindicando ut, si

1 a *u* [XORIS] : [D. M. Turiae Q. Lucreti u]xoris *Costa*.
I 1-2. permansisti *C.I.L.* : TERMANS. ISTI Suarez B.
3 re[pente ante nuptiar]um *Degenkolb ap. Mo.* 1863 || pa[rente in rustica soli]tudine *C.I.L.* : pa[rente in soli]tudine *Mo.* 1863 *Dessau* pa[rente a nefaria multi]tudine *Hirschfeld* pa[rente in uilla a nefaria multi]tudine *Vollmer* pa[rente in agro a nefaria multi]tudine *Bücheler* || **4** o *post* VNA *habet solus Ughelli* || o[ccisis per te maxime] *Degenkolb ap. Mo.* 1863 || Macedo[niam abissem] *C.I.L.* : Macedo[niam pro quaestore abissem] *Bücheler* || **5** prouinciam [non remansit] *C.I.L.* : prouinciam [profectus esset, non mansit] *Vollmer*.
7 m[unere es p]ietatis *C.I.L.*: m[unere p]ietatis *Mo.* 1863 *Vollmer* || ef[flagitando] *C.I.L.* : ef[fecisti inquirendo et] *Mo.* 1863 ef[flagitando inquirendo] *Huschke* ef[fecisti ultionem inquirendo] *Vollmer*.

(10) Pendant que tu t'occupais de cette affaire, quittant la maison paternelle pour mettre à l'abri ta vertu, après avoir obtenu le supplice des coupables, tu t'es sur le champ rendue dans la maison de ma mère, où tu as attendu mon arrivée.

(13) On a fait ensuite pression sur vous pour que le testament de votre père, par lequel nous étions, toi et moi, héritiers, fût dit rompu, par le fait d'une coemption entre lui et sa femme : ainsi tu étais retombée nécessairement avec la totalité des biens paternels sous la tutelle de ceux qui manigançaient l'affaire ; rien ne devait revenir à ta sœur, puisqu'elle était passée sous la *manus* de Cluvius. Comment tu as accueilli ces manœuvres, avec quelle présence d'esprit tu y as résisté, malgré mon absence, je le sais parfaitement.

(18) C'est en rétablissant la vérité que tu as soutenu notre cause commune : le testament n'était pas rompu, de sorte que toi et moi nous gardions l'héritage, plutôt que tu fusses seule à avoir l'ensemble des biens ; tu avais du moins l'idée arrêtée de défendre les volontés de ton père, en affirmant que, si tu n'obtenais pas satisfaction, tu partagerais avec ta sœur ; tu ne tomberais pas sous le régime de la tutelle légitime, qu'aucun droit ne permettait de faire valoir légalement

praes*to* *f*uissemus, non amplius *praestitissemus. At* (9) haec habes communia cum *s*anctissimá feminá s*orore tua*.

(10) Quae dum agitabas, ex patria domó propter custodia*m pudicitiae, petito* (11) de nocentibus supplicio, euesti*g*io te in domum ma*tris meae contulisti, ubi* (12) aduentum meum expectast*i*.

(13) Temptatae deinde estis ut testamen*tum patris*, quo nos eramus heredes, rup*tum diceretur* (14) coemptione facta cum uxore : ita necessario te cum uniuersis pat*ris bonis in* (15) tutelam eorum qui rem agitabant reccidisse : sororem omni*um rerum* (16) fore expertem, quod emancupata esset Cluuio. Qua mente ista acce*peris, qua iis prae*- (17) sentia animi restiteris, etsi afui, compertum habeo.

(18) Veritate caussam communem *t*utata es : testamentum ruptum non esse ut *uterque potius* (19) hereditatem teneremus quam omnia bona sola possiderés, certá qui*dem sententia* (20) te ita patris acta defensuram ut, si non optinuisses, partitúram cum s*orore te adfir*- (21) mares ; nec sub condicionem tutelae legitumae uenturam,

8 praes[to fu]iss[e]mus *Degenkolb ap. Mo.* 1863 ‖ ampliu[s praestitissemus. At] *C.I.L.* : ampliu[s ipsi praestituri fuerimus. Sed] *Vollmer*.

10 custodia[m pudicitiae petito] *C.I.L.* : cust. [pud. sumpto] *Mo.* 1863 cust. [uinculi nostri] *Huschke* cust. [uitae migrasti ad sororem sumpto] *Vollmer* ‖ **11** ma[tris meae contulisti ubi] *Dürr C.I.L.* : ma[terterae cont. ubi] *Mo.* 1863 ma[ritalem] *siue* ma[riti cont. et] *Huschke* ma[tris meae contulisti ibique fida] *Vollmer.*

13. [diceretur] *C.I.L.* : [diceretis] ? *Arangio-Ruiz.*

14 pat[ris bonis in] *C.I.L.* : pat[ernis bonis in] *Vollmer* ‖ **15** omni[um rerum] *C.I.L.* : omni[s et legati et hereditatis] *Huschke* omni[no illius hereditatis] *Vollmer.*

18 ut [uterque potius] *C.I.L.* : [pro parte potius] *Rudorff Vollmer* ‖ **19** qui [dem sententia] *C.I.L.* : qui[dem constantia] *Siebourg* qui[ppe lege dixisti] *Rudorff* ‖ **20-21** [adfir]mares *C.I.L.* : [existi]mares *Mo.* 1863 ‖ **21** MARES Suarez *Barb.* 30 : MORES *Ughelli Doni.*

dans ton cas ; on n'aurait pu en effet prouver que ta famille eût un lien de gentilité qui te forçât à faire ainsi, car même si le testament de ton père avait été rompu, ceux qui intentaient l'action n'avaient pas ce droit, puisqu'ils n'étaient pas de tes gentils.

(25) Ils cédèrent devant ta fermeté et ne soulevèrent plus cette affaire ; par là tu as toi seule mené à bonne fin la défense dont tu t'étais chargée du respect dû à un père, de l'amour dû à une sœur, de la fidélité due à notre couple.

(27) Rares sont les mariages aussi longs qui se terminent par la mort sans qu'un divorce les interrompe ; car nous avons eu le bonheur que le nôtre ait été mené sans heurt jusqu'à sa quarante et unième année. Si seulement une si longue union était allée à son terme de mon fait : il était plus juste que ce fût moi, l'aîné, qui paie tribut au destin.

(30) Tes qualités domestiques : vertu, docilité, gentillesse, bon caractère, assiduité aux travaux de la laine, piété sans superstition, discrétion dans la parure, sobriété dans la toilette, pourquoi les rappeler ? Pourquoi parler de ta tendresse pour les tiens, de ton dévouement à ta famille, quand tu as eu les mêmes égards pour ma mère que pour tes parents, quand tu lui as assuré la même

quoius per *legem in te ius non* (22) esset, neque enim familia*e* gens ulla probari poterat, quae te id facere *cogeret* ; (23) nam etsi patris testamentum ruptum esset, tamen iis qui intenderen*t* *non esse id* (24) ius, quia gentis eiusdem non essent.

(25) Cesserunt constantiae tuae neque amplius rem sollicitarunt ; quo facto *reuerentiae in patrem*, (26) pietatis in sororem, fide*i* in nos patrocinium succeptum sola peregisti.

(27) Rara sunt tam diuturna matrimonia finita morte, non diuertio i*nterrupta* ; *nam contigit* (28) nobis ut ad annum XXXXI sine offensa perduceretur. Vtinam uetust*um ita extremam sub-* (29) isset mutationem uice mea qua iustius erat cedere fato maiorem.

(30) Domestica bona pudici*t*iae, opsequi, comitatis, facilitatis, lanificiis tuis *adsiduitatis*, *religionis* (31) sine superstitione, ornatus non conspiciendi, cultus modici cur *memorem* ? *Cur dicam de tuorum cari-* (32) tate, familiae pietate, cum aeque matrem meam ac tuos parentes col*ueris eandemque quietem* (33) illi quam tuis curaueris, cetera innumerabilia habueris communi*a cum*

21 per [legem in te ius non] *C.I.L.* : per [legem agnatis ius] *Rossi p.* 33 per[peram mentio facta] *Vollmer* || **22** familia[e] gens ulla *C.I.L.* : familia gensue ulla *Huschke* familia gens ulla *Rossi* || [cogeret] *C.I.L.* : [iure (*uel* recte *Bücheler*) cogeret] *Bücheler Vollmer* [pati cogeret] *Rossi* || **23** intenderen[t] non esse id *C.I.L.* : intenderen[t] nullum in te fore] *Rossi* intenderen[t rem, non esse id] *Vollmer* || **24** IVS *Suarez* A *Barb.* 30 : VIS *Ughelli.*

25 facto [reuerentiae in patrem] *C.I.L.* : [patris tui] *Vollmer* [paternae] *Bücheler* || **26** fide[i] *C.I.L.* : fide *Huschke.*

28-29 uetust[um ita extremam sub]isset *C.I.L.* : uetust[as tam eximia habu]isset *Vollmer* uetust[a consortio habu]isset *Bücheler* uetust[a coniunctio solitam sub]isset *Siebourg* || qua : quem ? *Arangio-Ruiz.*

30 [adsiduitatis, religionis] *C.I.L.* : tuis [paria, religionis] *Siebourg* tuis [probatae, religionis] *Bücheler* tuis [aptae, religionis] *Vollmer* || **31** Cur[dicam de tuorum cari] tate *C.I.L.* : cur[dicam ? taceo de morum cari[tate *Bücheler* || **32** col[ueris eandemque quietem] *C.I.L.* : requiem *Mo.* 1863.

tranquillité qu'aux tiens, quand tu as eu toutes les autres et innombrables vertus qu'ont toutes les matrones soucieuses d'une bonne renommée ? Ce que je revendique, ce sont les vertus qui ne sont qu'à toi, dont peu d'hommes ont rencontré les pareilles, vertus capables de supporter de telles épreuves et de rendre de tels services, car la fortune a pris soin que de telles situations fussent rares.

(37) Tout le patrimoine que tu avais reçu de tes parents, nous avons mis autant de soin l'un que l'autre à le conserver ; et tu ne te souciais pas d'y ajouter en me le confiant tout entier. Nous nous sommes réparti les rôles, moi gérant la tutelle de ta fortune et toi exerçant une surveillance sur la mienne. Sur ce point je passerai sous silence beaucoup de détails pour ne pas prendre une part de ce qui te revient en propre. Qu'il me suffise d'avoir donné ces indications sur tes sentiments.

(42) Tu as été généreuse non seulement envers beaucoup d'amis, mais surtout par amour des tiens. On pourra citer d'autres femmes remarquables, mais une seule a été tout à fait semblable à toi : ta propre sœur. Ainsi vous avez élevé dans vos maisons, chez nous, de vos parentes qui méritaient pareils soins. Pour qu'elles pussent

omnibus (34) matronis dignam *fa*mam co*lé*ntibus ? Propria sunt tua quae uindico, ac *quorum pauci in* (35) similia inciderunt, ut talia paterentur et praestarent, quae rara ut essent *hominum* (36) fortuna cauit.

(37) Omne tuom patrimonium acceptum ab parentibus communi diligentia cons*eruauimus* (38) neque enim erat adquirendi tibi cura, quod totum mihi tradidisti. Officia ita par- (39) titi sumus ut ego tu*t*elam tuae fortunae gererem, tu meae custodiam sust*ineres. Multa* (40) de hac parte omittam ne tua propria mecum communicem. Satis sit *hoc* mi*hi tuis* (41) de sensibus *indi*casse.

(42) *Liberali*tatem tuam c*u*m plurumis necessariis tum praecipue pietati praesti*tisti tuorum.* (43) *Licet cum laud item qu*is alias nominauerit, unam dumtaxat simillimam *tui* (44) .... *h*abuisti sororem tuam ; nam propinquas uestras d*ignas eiusmodi* (45)................*of*ficiis domibus uestris apud nos educauistis. Eaedem u*t condicio-* (46) *nem dignam familia*e uestrae consequi possent, dotes parastis, quas quide*m a uobis* (47)

34 [quorum pauci in] *C.I.L.* : [praedico si qui in] *Mo.* 1863 [perpaucae in] tempora *Vollmer* (tempora *add. Bücheler*) || **35** [hominum] *C.I.L.* : [propitia] *Siebourg* [mulierum] *Vollmer.*

39 sust[ineres. Multa] *C.I.L.* : sust[ineres. Itaque] *Bücheler Vollmer* || **40** (*inter* sit *et* mi *lacuna chartae*) sit [hoc] mi[hi tuis] de sensibus [indi]casse *C.I.L.* : sit [hoc] mi[hi breuiter] de sensibus [tuis indi] casse *Vollmer.*

42 praesti[tisti. Tuorum] *C.I.L.* : praesti[tisti.] *Mo.* 1863 praesti-[tisti in] *Vollmer* praesti[tisti domesticae] *Bruns Dessau* || **43** licet cum laude item qu]is *C.I.L.* : 43 *non suppleuit Mo.* 1863 [cognatas. Vt similes qu]is *Vollmer* [Feminas egregias licet facile qu]is *Dessau* || simillimam [tui] *C.I.L.* : s. [tui et omnino ae-] *Vollmer* || **44** initium *non suppleuit C.I.L.* : [-quis laudibus dignam h]abuisti *Vollmer* || d[ignas eiusmodi] *C.I.L.* : d[estitutas auxi-] *Vollmer* || **45** [...of]ficiis *C.I.L.* : [-lio circumuentos arti]ficiis *Vollmer* [-lio, opibus, of]ficiis *Bücheler* || u[t condicio-] *C.I.L.* : u[t con-] *Vollmer* || **46** [-nem dignam famili]ae *C.I.L.* : [-dicionem aptam famili]ae *Vollmer* || quid[em a uobis] *C.I.L.* : quid[em a uo-] *Vollmer.*

prétendre à un parti digne de votre famille, vous leur avez destiné des dots. Mais ces dots que vous aviez constituées, d'un commun accord Caius Cluvius et moi les avons prises à notre compte et, tout en approuvant votre générosité, pour que votre patrimoine n'en fût pas entamé, nous y avons substitué notre fortune personnelle et avons donné en dots nos propriétés. J'ai rapporté le fait non pour nous faire valoir, mais afin que l'on sût que nous avons eu à honneur d'exécuter sur nos avoirs les décisions que vous aviez prises avec une pieuse générosité.

(52) J'ai jugé bon de passer sous silence beaucoup d'autres de tes actes de bienfaisance.......

....

II (2a) Dans ma fuite tu m'as fourni les plus larges subsides grâce à tes parures ; afin que je pusse les prendre avec moi, tu as arraché de ton corps tout l'or et toutes les perles et par la suite, trompant avec habileté les gardes de nos adversaires, tu as comblé mon absence d'esclaves, d'argent, de provisions.

*constitutas comm*uni consilio ego et C. Cluuius excepimus et probantes *liberalitatem* (48) *ne uestro patrimo*nio uos multaretis, nostram rem familiarem sub*didimus* (49) *nostraque praedia* in dotes dedimus. Quod non uenditandi nostri *caussa rettuli* (50), *sed ut illa consi*lia uestra concepta pia liberalitate honori no*s duxisse consta-* (51) *ret exequi de nos*tris.

(52) *Complura alia benefici*a tua praetermittenda *duxi*...

(perierunt complura)

PAGINA II

(2 a) *Amplissima subsi*dia fugae meae praestitistí órnamentis ; (3 a) *ut ea ferrem me*cum, omne aurum margarítaque corporí (4 a) *tuo detracta trad*idistí et subinde familiá, nummís, frúctibus, (5 a) *callide deceptis a*duersariorum custodibus, apsentiam meam locupletastí.

47 [constitutas comm]uni *C.I.L.* : [-bis constitutas comm]unis *Vollmer* || [liberalitatem] *C.I.L.* : [animum] *Vollmer*. **48** [ne uestro patrimo]nio *C.I.L.* : [uestrum, ne toto patrimo]nio *Vollmer* || sub[didimus] *C.I.L.* : sub[ministraui-] *Bücheler Vollmer* || **49** [nostraque praedia] *C.I.L.* : [-mus ac bona nostra illis] *Bücheler Vollmer* || c[aussa rettuli] *C.I.L.* : c[aussa ret-] *Vollmer* || **50** [sed ut illa consi]lia *C.I.L.* : [-tuli, sed ut (quod *Siebourg*) illa consi]lia *Vollmer* || n[os duxisse consta-] *C.I.L.* : no[s duxisse] *Vollmer* no[bis esse putaremus] *Siebourg* || **51** [constaret exequi de nos]tris *C.I.L. Vollmer* : [exsequi de opibus no]stris *Siebourg*.

52 [complura alia benefici]a tua praetermittenda [duxi...] *C.I.L.* : -a tua praetermittenda... *Mo.* 1863 [cetera familiari(a) merit]a tua praetermittenda [sunt... *Vollmer* **53**... iam ad grauissimum tuom facinus transeo quo me ex summo periculo seruasti...] *Vollmer*.

II **2a** [Amplissima subsi]dia *de Sanctis Costa* : [... subsi]dia *Dessau C.I.L. VI*, 37.053 || **3a** [ut ea ferrem me]cum *ego* : [tuis iuuisti me] *de Sanctis* [ut ferrem me]cum *Costa* || **4a** [tuo detracta trad]idisti *de Sanctis* : [detracta trad-] *Hirschfeld, Kl. Schr.*, p. 827 *Dessau* [tuo decora trad-] *Costa* || **5a** [callide deceptis a]duersariorum *Costa* : [corruptis] *uel* [deceptis] *Hirschfeld Kl. Schr. p.* 826 deceptis *Dessau C.I.L. VI*, 37.053 [dotis tuae deceptis] *de Sanctis*.

(6a) Ayant protégé la vie de l'absent, effort que te conseillait ton énergie, ta piété me fit un rempart de la clémence de ceux contre qui tu préparais tes ruses ; pourtant tu n'as cessé de faire entendre ta voix avec fermeté.

(9a) Alors une troupe d'hommes trouvés par Milon, dont j'avais acquis une maison quand il fut exilé, fut à l'occasion de la guerre civile sur le point de prendre d'assaut et de piller notre demeure ; tu l'as repoussée avec succès et tu as défendu notre maison.

....

... (1) d'avoir été rendu par lui à la patrie, car si tu n'avais préparé, en veillant à mon salut, ce qu'il pût sauver, il aurait en vain promis son appui. Ainsi, je dois la vie non moins à ton amour qu'à César.

(4) Pourquoi dévoilerais-je maintenant nos décisions intimes et cachées, nos conversations secrètes, comment, appelé par des nouvelles imprévues à des dangers présents et imminents, j'ai dû à tes conseils de conserver la vie, comment tu n'as pas souffert aveuglément qu'un excès d'audace me fît courir des risques, comment, quand j'ai pensé à des solutions plus raisonnables, tu m'as préparé de sûrs refuges, comment tu as pour me sauver choisi comme complices de tes desseins ta sœur et son

(6 a) *Vitam tutata apse*ntis, quod ut conarere uirtus túa te hortabatur, (7 a) *pietas tua me m*úníbat clementiá eorum contra quos ea parabas ; (8 a) *semper tamen u*óx tua est firmitate animí ẹmissa.

(9 a) *Interea agmen ex repe*rtís hominibus á Milone, quoius domús emptione (10 a) *potitus eram cum esset* exul, bellí ciuílis occásionibus inrupturum (11 a) *et direpturum prospere reiecist*í *atque defe*ndistí domum nostram.

(perierunt lineae circiter duodecim)

(0). . . . . .m extare... (1) me patriáe redditum á se, *na*m nisi parasses quod seruar*et*, *c*auens saluti meae (2) inániter opés suas pollice*re*tur. Ita non minus pietati tu*a*e quam Caesarí (3) me debeó.

(4) Quid ego nunc interiora *no*stra et recondita consilia sermonesque arcános (5) éruam, ut repentinis nu*nt*iis ad praesentia et imminentia pericula euoca- (6) tus tuis consiliis conse*r*uatus sim, § ut

6a [Vitam tutata apse]ntis *ego* : [experiri uim mil]itis *Dessau* [periculis posthab]itis *de Sanctis* [famam tutata es apse]ntis *Costa* || **7**a [pietas tua me m]unibat *ego* : [destitisti : tutiorem uiam tibi m] unibat *Dessau* [fortuna autem te m]unibat *de Sanctis* [non autem te m]unibat *Costa* || **8**a [semper tamen u]ox *ego* : [in tanta calamitate nulla indigna u]ox *Dessau* [inter quae nulla indigna u]ox *de Sanctis* [quae fuerunt cum u]ox *Costa.*

9a [Interea agmen ex repe[rtis *ego* : [... ce]rtis *Dessau* [deinde nefariis exo]rtis *de Sanctis* [tunc agmen ex repe]rtis *Costa* || **10**a [potitus eram cum esset] *ego* : [...] *Dessau* [mihi comparaueram qui] *de Sanctis* [potitus eram cum esset actus] *Costa* || **11**a [et direpturum prospere reiecist]i [atque defe]ndisti *Costa* : [...defe]ndisti *Dessau* [desperabat strenuissime defe]ndisti *de Sanctis.*

1[na] m *hoc medii uersus supplementum et sequentia sunt Fabrettiana, nisi ubi alii adscripti sunt auctores* || c[auens saluti meae] *fragm. F* : [etiam Caesar] *C.I.L.* **2** [quam Caesari] *fragm. F* : [quam clementiae illius] *C.I.L.* **4** [no]stra *C.I.L.* || se[rmonesque arcanos] *fragm. F* : [secreto pectoris] *C.I.L.* **5** immine[ntia pericula euoca]tus *fragm. F* imminen[tia uitanda excita]tus *C.I.L.*

mari Caius Cluvius, nous unissant tous dans le péril ? Je n'en finirais pas si je voulais toucher à tout. Il nous suffit à toi et à moi qu'en me cachant j'aie été sauvé.

(11) Cependant j'avouerai que je t'ai dû la plus douloureuse amertume de ma vie. Quand, cessant d'être un citoyen inutile, je fus rendu à la patrie par la bienfaisante intervention de César Auguste alors absent de Rome, tu t'adressas à son collègue Marcus Lepidus qui y était présent pour lui parler de ma réhabilitation ; tu te jetas à terre à ses pieds ; non seulement tu ne fus pas relevée, mais tu fus traînée et enlevée comme une esclave, le corps plein de contusions ; avec la plus grande fermeté tu informas Lepidus de l'édit de César, relatif, avec ses compliments, à ma réhabilitation ; tu entendis même des mots d'insulte ; tu reçus de cruelles blessures et tu les fis voir pour que l'on connût le responsable des dangers que je courais. Son attitude ne tarda pas à lui nuire.

(19) Quoi de plus efficace que ton courage, puisque tu sus donner à César l'occasion de manifester sa clémence et, tout en sauvant mon existence, stigmatiser cette cruauté implacable par ton exceptionnelle endurance.

neque audacius experiri casus (7) temere passá sis et mod*es*tiora cogitantí fída receptácula pararis (8) sociosque consilioru*m t*uorum ad me seruandum delegeris sororem (9) tuam et uirum eius C. Clu*uiu*m coniuncto omnium perículo? Infíníta sint (10) sí attingere coner. § Sat *es*t mihi tíbíque salutáriter m*e latuisse*.

(11) Acerbissumum tamen in ui*ta* mihi accidisse tuá uice fatebo*r*, *reddito iam non inutili* (12) ciue patriae benificio et i*ud*icio apsentis Caesaris Augusti, *quom per te* (13) de restitutione mea M. Le*pi*dus conlega praesens interp*ellaretur et ad eius* (14) pedés prostrata humi n*on* modo non adleuata, sed trá*cta et seruilem in* (15) modum rapsáta, liuóri*bus* corporis repléta, firmissimo *animo eum admone-* (16) rés édicti Caesaris cum gratulatione restitutionis me*ae auditisque uerbis eti-* (17) am contumeliosís et cr*ud*elibus exceptis uolneribus pa*lam ea praeferres*, (18) ut auctor meórum peric*ul*orum nótésceret. § Quoi noc*uit mox ea res*.

(19) Quid hac uirtute efficacius, praebere Cae-

6 audaci[us experiri casus] *fragm. F* : audaci[a abripi me] *C.I.L.* **7** mod[es]tiora *C.I.L.* || rece[ptacula pararis] *fragm. F, C.I.L.* **8** [tu]orum *C.I.L.* || delegeris sororem *fragm. F* : dederis sororem *C.I.L.* **9** pe[riculo infinita sint] *fragm. F* : per[iculo non finiam] *C.I.L.* **10** Sat[es]t *C.I.L.* : SAT | | I *lapis* ; *ultima littera* I *uel* T || m[e latuisse] *C.I.L.*

11 inui[ta] *C.I.L.* : inui[to] *Fabretti* || fatebo[r reddito iam non inutili] *C.I.L.* : [reddito me iam] *Siebourg* [quod reddito iam non uili] *Vollmer* || **12** [quom per te] *C.I.L.* : [quom per te ipsam] *Vollmer* || **13** interp[ellaretur, et ad eius] *C.I.L.* : interp[ellaretur, tu ad ill*i*us] *Vollmer* || **14** tra[cta et seruilem in] *C.I.L.* : tra[cta es a comitibus indignum in] *Vollmer* || **15** [animo eum admone]res *C.I.L.* : [autem animo quom eum admone]res *Vollmer* || **16** me[ae auditisque uerbis eti]am *C.I.L.* :... cor]am *Mo.* 1863 me[ae dimissa es uerbis eti]am *Vollmer* || **17** pa[lam ea praeferres] *C.I.L.* : pa[tienter ferendo effecisti] *Vollmer* || **18** noc[uit mox ea res] *C.I.L.* : noc[uit mox tua constantia] *Vollmer*] noc[uit mox quod fecit] *Dessau.*

(22) Mais pourquoi en dire plus ? Abrégeons ce développement qui doit et peut s'achever, de peur, en traitant de façon mesquine ces grandes actions, de n'en pas parler comme elles le méritent, alors que pour preuves de tes qualités je montre aux yeux de tous ton plus beau titre qui est de m'avoir sauvé la vie.

(25) La paix une fois revenue dans le monde, l'ordre politique rétabli, des jours tranquilles et heureux nous échurent en partage. Nous souhaitâmes des enfants que le sort nous avait assez longtemps refusés. Si la fortune avait bien voulu nous être favorable selon son cours habituel, que nous aurait-il manqué à tous deux ? Mais prenant une autre route, elle mettait un terme à notre espoir. Ce que tu as imaginé à ce propos et quelle démarche tu as voulu entreprendre, peut-être remarquable et admirable chez certaines femmes, mais nullement chez toi quand on pense à tous tes autres mérites, je n'y insiste pas.

(31) Désespérant de ta fécondité et désolée que je n'aie pas d'enfants, de peur de me voir perdre l'espoir d'en avoir en te gardant pour femme et être pour cette raison malheureux, tu as parlé de divorce et de ton désir de vider les lieux pour laisser la maison à la fécondité d'une autre ; tu n'avais pas d'autre intention, vu notre entente

sari clementia*e* *locum et cum cu-* (20) stodia spiritús mei not*a*re inportúnam crudelitatem *egregia tua* (21) patientiá ?

(22) Sed quid plura ? § parcamu*s* orationi, quae debet et potest e*xire, ne uiliter maxi-* (23) ma opera tractando pa*r*um digne peragamus, quom pr*o* *documento* (24) meritórum tuorum *oculis* omnium praéferam titulum *uitae seruatae.*

(25) Pácátó orbe terrárum, res*titutá* re publicá, quieta deinde n*obis et felicia* (26) tempora contigerunt. Fue*runt* optati liberi, quos aliqua*mdiu sors inui-* (27) derat. § Si fortúna procéde*re e*sset passa sollemnis inseruie*ns*, *quid utrique no-* (28) strum défuit ? § prócédéns a*li*as spem *f*iniebat. Quid agitau*eris propter hoc quae-* (29) que ingredi conata sis, f*ors* sit an in quibusdam feminis *conspicua et admirabi-* (30) lia, in te quidem minime a*dmi*randa conlata uirtútibu*s tuis reliquis praetereo*.

(31) Diffídéns fécunditati tuae *et do*léns orbitáte meá, ne tenen*do* *in matrimonio* (32) te spem

19 clementia[e locum et cum cu]stodia *C.I.L.* : clementia[e locum et praeterea cum cu]stodia *Vollmer* ‖ **20** [egregia tua] *C.I.L.* : [Lepidi conlegae egregia tua] *Vollmer*.

22 e[xire ne uiliter maxi]ma *C.I.L.* : e[xire ne exiliter maxi]ma *Mo.* 1863 e[xsequi alia, licet uerear, ut hoc sum]ma *Vollmer* ‖ **23** pr[o documento] *C.I.L.* : pr[aesertim ego semper summae] *Vollmer* ‖ **24** oc[ulis] *C.I.L.* : [s]oc[ius] *Fabretti* o c[ara !] *Vollmer* ‖ [uitae seruatae] *C.I.L.* : [ciuis seruati] *Hirschlfeld Vollmer*.

25 res[titut] a *Marini C.I.L.* : re[ddit] a *Fabretti* ‖ n[obis et felicia] *C.I.L.* : n[obis et felicia] *Siebourg* n[obis quoque et secura] *Vollmer* ‖ **26** aliqua[mdiu sors inui] derat *C.I.L.* : aliqua[mdiu spes nostra prae] uiderat *Vollmer* ‖ **27** inseruie[ns quid utrique no]strum *C.I.L.* : si fortuna procede[ns e]sset passa sollemnis, inseruie[ns uotis neutri no]strum defuit *Huschke* 174, *n.* 5 inseruie[ndo nobis, quid utrique no]strum *Vollmer* ‖ **28** a[li]as *C.I.L.* : a[et]as *Siebourg Arangio-Ruiz* ‖ [f] iniebat *C.I.L.* : EINIEBAT *lapis* ‖ agitau[eris propter hoc quae] *C.I.L.* ‖ **29** f[ors] sit an *C.I.L.* : F///· SIT·AN *lapis cum punctis inter uocabula* ‖ [conspicua et admirabi]lia *C.I.L.* : [sint prorsus incredibi]lia *Vollmer* ‖ **30** uirtutibu[s tuis reliquis praetereo *C.I.L.* : uirtutibu[s tuis ceteris] *Vollmer* uirtutibu[s tuis reliquis iam eloquar] *Dessau*.

31 tenen[do in matrimonio] *C.I.L.* : tenen[do te uigente iam aeta]te *Vollmer*

bien connue, que de me chercher et me procurer toi-même un parti digne de moi ; tu affirmais que les enfants à venir seraient en commun et que tu les considérerais comme tiens ; tu ne partagerais pas notre patrimoine, qui avait été jusque-là indivis, mais il resterait ainsi qu'auparavant à ma disposition et si je le voulais sous ta gestion ; tu ne réserverais rien, tu ne garderais rien en propre, tu me vouerais désormais les soins et l'affection d'une sœur ou d'une belle-mère.

(40) Je dois avouer que je m'emportai au point que j'en perdis l'esprit, que je fus horrifié par ton attitude au point d'avoir peine à me ressaisir. Discuter divorce entre nous avant l'arrêt du destin ; toi, imaginer une solution par où vivante tu cessais d'être ma femme, alors que, quand j'étais presque exilé de la vie, tu m'étais restée totalement fidèle !

(44) Comment aurais-je eu un tel désir ou un tel besoin d'avoir des enfants que j'en dusse renoncer à la foi conjugale, changer le certain pour le douteux ? Mais pourquoi en dire plus ? Tu es restée avec moi, car je n'aurais pu accéder à ton désir sans me déshonorer ni faire notre commun malheur.

habendi liberos *dep*ónerem atque eius caussa ess*em infelix, de diuertio* (33) élocuta es, § uocuamque *do*mum alterius fecunditati *te tradituram, non alia* (34) mente nisi ut nota con*c*ordiá nostrá tú ipsa mihi di*gnam con-* (35) dicionem quaereres p*ara*résque, ac futurós líberós t*e communes pro-* (36) que tuis habituram adf*irm*arés, neque patrimoni nos*tri, quod adhuc* (37) fuerat commune, separá*ti*onem facturam, sed in eodem *arbitrio meo id* (38) et si uellem tuo ministerio *fu*túrum : nihil seiúnctum, ni*hil separatum te* (39) habituram, sororis so*crusue* officia pietatemque mihi d*einceps praestituram.*

(40) Fatear necessest adeó me exa*rsi*sse ut excesserim mente, adeo *exhorruisse ac-* (41) tús tuós ut uix redderer *m*ihi. Agitari diuertia inter nos *ante quam* (42) *f*áto dicta lex esset, poss*e te a*liquid concipere mente, qua*re uiua desineres* (43) esse mihi uxor, cum paene *e*xule me uitá fidissuma perman*sisses.*

(44) Quae tanta mihi fuerit cu*pidi*tás aut necessitás habendi li*beros, ut propterea* (45) fidem

32 ess[em infelix, de diuertio] *C.I.L.* : ess[es, consilium diuerti] *Vollmer* || **33** t[e tradituram non alia] *C.I.L.* : T *littera incerta* t[radere proposuisti non alia] *Vollmer* || **34** *fin.* I *in ipsa fractura apparet potestque haberi pro* E di[gnam con]dicionem *C.I.L.* : de[duceres uxorem et dignam con]dicionem *Vollmer* || **35** p[ara]resque *C.I.L.* : p[rio]resque *proposuit sed non recepit Vollmer* || t[e communes pro[que *C.I.L.* : t[e materno amore amplexuram pro]que || **36** nos[tri quod adhuc] *C.I.L.* : nos[tri, quod totum adhuc inter nos] *Vollmer* || **37** eodem [arbibrio meo id] *C.I.L.* : eodem [quo antea arbitrio meo illud] *Vollmer* || **38** ni[hil separatum te] *C.I.L.* : ni[hil separatum a meis te] *Vollmer* || **39** so[crusue] *C.I.L.* : so[ciaeue] *Fabretti Hirschfeld W.S.* III, *p.* 266 || *extrema littera fuit* D *aut* P d[einceps praestituram] *C.I.L. Vollmer.*

40 exa[rsi]sse *Degenkolb C.I.L.* : exacuisse *Fabretti* || [exhorruisse ac]tus *C.I.L.* : [me extimuisse cona]tus *Vollmer* || **41** nos [antequam] *C.I.L.* : nos [antequam discedendi nobis a] *Vollmer* || **42** [f]ato : EATO *lapis* || poss[e te a]liquid *C.I.L.* : poss[em a]liquid *Fabretti* || qua[re uiua desineres] *C.I.L.* : qua[re mea caussa desineres] *Vollmer* || **43** perman[sisses] *C.I.L. Vollmer.*

44 li[beros ut propterea] *C.I.L.* : li[beros ut ueterem nostram] *Vollmer.*

(48) Mais qu'y a-t-il de plus flatteur pour ta mémoire que, dans ton désir de me servir, les efforts que tu as faits pour que, si je ne pouvais avoir des enfants de toi, j'en eusse pourtant par toi, qui, désespérant de ta capacité d'enfanter, voulais me procurer une fécondité par le mariage avec une autre ?

(51) Si seulement dans la mesure où le permettaient nos âges, notre union avait pu continuer jusqu'au jour où je serais décédé — étant l'aîné, c'était plus juste — et où tu m'aurais rendu les derniers devoirs ; auparavant, toi me survivant, j'aurais cessé d'être sans enfants et une fille (adoptive) m'eût remplacé auprès de toi.

(54) Tu m'as précédé par arrêt du destin. C'est moi que le regret que j'ai de toi met en deuil et tu as laissé seul un mari sans enfants. De mon côté aussi je plierai mes sentiments à tes intentions et j'adopterai celle que tu me destinais (?).

(56) Que toutes tes recommandations cèdent la place à ton éloge ; il prouvera combien vivement je regrette ce que j'ai livré à la postérité pour consacrer ta mémoire.

exuerem, mutare*m* *c*erta dubiis ? Sed quid plura ? *permansisti* (46) aput me ; neque enim ced*er*e tibi sine dedecore meo et co*mmuni* *infelici*- (47) tate poteram.

(48) Tibi ueró quid memorabi*lius* quam inseruiendo mihi o*peram* *dedisse* *te* (49) ut quom ex te líberos ha*b*ere non possem, per te tamen *haberem* *et* *diffi*- (50) dentiá partús tuí alteriu*s* *con*iugio pararés fecunditat*em* ?

(51) Vtinam patiente utriusqu*e* *a*etate procedere coniugium *potuisset* *donec* *e*- (52) látó me maiore, quod ius*ti*us erat, suprema mihi praesta*res*, *antea* *uero* *super*- (53) stite te excederem orbitat*e* *f*iliá mihi supstitútá.

(54) Praecucurristi fátó. Delegast*i* mihi luctum desiderio tuí nec libe*ros* *habentem* *solum* *ui*- (55) rum reliquisti. Flectam ego quoque sensús meós ad iudicia tu*a*, *a* *te* *destinatam* *adoptans*.

(56) Omn:a tua cogitata praescri*p*ta cedant laudibus tuis, ut sint mi*hi* *documento* *quantopere*

45 plura [permansisti] *C.I.L.* : [remansisti] *Mo* 1863 [coniunx denique remansisti] *Vollmer* || **46** ced[er]e *C.I.L.* : certe *Fabretti* CER *legit de Rossi* || co[mmuni infelici]tate *C.I.L.* : co[mmuni maerore et infelici]tate *Vollmer*.

48 *ultima littera potest esse* C G O Q o[peram dedisse te] *C.I.L.* : o[mnino tui securam te studuisse] *Vollmer* || **49** [haberem et diffi]dentia *C.I.L.* : [haberem ut quam tenereris diffi]dentia *Vollmer* || **50** fecunditat[em] *C.I.L.* *Vollmer*.

51 [potuisset donec e]lato *C.I.L.* : [fortuna passa esset donec e] lato *Vollmer* || **52** praesta[res antea uero super]stite *C.I.L.* : praesta[res ego vero super]stite *Huschke* praesta[res antea uero ipse super]stite *Vollmer* || **53** orbitat[e f]ilia *Fabretti* *C.I.L.* : orbitat[i f]ilia *Huschke* || *in fine spatium uacat*.

54 libe[ros habentem solum ui]rum *C.I.L.* : libe[ros mihi tui simulac] rum *Vollmer* libe[ros senectutis fulc]rum *proposuit Vollmer Add. p.* 528° *sed non recepit* || **55** tu[a a te destinatam adoptans] *C.I.L.* : tu[a a te destinatam tibi sufficiens] *Huschke* tu[a.] *Vollmer*.

56 mi[hi documento quantopere ego] *C.I.L.* : mi[...] *Mo.* 1863 mi[hi solacia neue ego nimis] *A. Gercke Tiroc. phil. Bonn. p.* 49 mi[hi solatio utque minus] *Siebourg* mi[hi testes quo iure ego] *Vollmer*.

(58) Les fruits qu'a apportés ta vie ne me feront pas défaut ; encouragé par le souvenir de tes mérites et instruit par ta conduite, je résisterai à la fortune qui ne m'a pas tout enlevé puisqu'elle a permis que mes éloges grandissent encore ta mémoire. Mais la tranquillité de mon existence, je l'ai perdue avec toi et pensant à la façon dont tu as veillé sur moi, dont tu m'as défendu au temps de mes dangers, je suis brisé par le malheur et ne puis tenir ma promesse.

(63) La douleur naturelle arrache toute force à mon courage. Je sombre dans le chagrin et en face de mes deux tourments, détresse et lassitude, je n'ai aucune fermeté. Songeant à mes malheurs anciens et à la vie qui m'attend, je perds tout espoir ; privé d'un si grand et si efficace secours, considérant tes mérites, je me vois réservé moins à la résignation qu'au regret et à la détresse.

(67) La fin de ce discours sera que tu as tout mérité, mais que je n'ai pas eu le bonheur de te tout donner. Tes volontés ont été ma loi et ce qu'il me sera possible de faire encore, je le ferai.

(69) Je souahaite que tes dieux mânes te mettent et te gardent en repos.

ego (57) desiderem quod inmort*ali*tati ad memoriam cónsecrat*am tradidi.*

(58) Fructús uitae tuae non dérunt *m*ihi. Occurrente fámá tuá firma*tus animo et* (59) doctus áctis tuis resistam fo*rt*unae, quae mihi non omnia érip*uit, cum laudi*- (60) bus crescere tui memoriam *pas*sa est. Sed quod tranquilli statús e*rat tecum* (61) ámisi, quam speculatricem e*t* *p*ropugnátricem meorum pericul*orum cogitans calami*- (62) tate frangor nec permane*re* in promisso possum.

(63) Naturális dolor extorquet const*an*tiae uirés ; maerore mersor et quibu*s angor luctu taedioque* (64) in necutro mihi constó ; repeten*s* *p*ristinos casús meós futurosque eue*ntus ab omni spe de*- (65) cido. Mihi tantis talibusque pr*aesi*diis orbatus, intuens famam tuam n*on tam fortiter pa*- (66) tiendo haec quam ad desider*ium* lúctumque reseruatus uideor.

(67) Vltumum huius órationis erit omn*ia* meruisse te neque omnia contigisse mi*hi ut praestarem* (68) tibi. Legem habui mandata tu*a* ; quod extra mihi liberum fuerit pr*aestabo.*

(69) Te di mánés tui ut quietam pat*ia*ntur atque ita tueantur optó.

57 consecrat[am tradidi] *C.I.L.* : consecrat[...] *Mo* 1863 consecrat[um est omnium] *A. Gercke l. l.* consecrat[um est sempiternam] *Vollmer.*

58 firma[tus animo et] *C.I.L.* : firma[bor in omni periculo] *Vollmer* || **59** erip[uit cum laudibus] *C.I.L.* : erip[uit quod meis laudi]bus *Vollmer* || **60** e[rat tecum] *C.I.L.* : e[rat mihi tecum] *Vollmer* || **61** pericul[orum cogitans calami]tate *C.I.L.* : pericul[orum habui calamita]te *Vollmer.*

63 quibu[s angor luctu taedioque] *C.I.L.* : quibu[s modo me firmaui] *Vollmer Dessau* || **64** eue[ntus ab omni spe de]cido *C.I.L.* : eue[ntus pendens con]cido *Vollmer* || **65** n[on tam fortiter pa]tiendo *C.I.L.* : n[on tam par pa]tiendo *Vollmer* || **66** *in fine spatium uacat.*

67 mi[hi ut praestarem] *C.I.L.* : mi[hi ut darem] *Vollmer* || **68** pr[aestabo] *C.I.L. Vollmer* : pr[o tuo arbitrio perficiam] *Siebourg.*

COMMENTAIRE

TITRE. — **1a.** *u*]XORIS : dernier et seul mot du titre courant conservé en tête du fragment de la Via Portuense (*uid. sup.* p. XLIX), alors que des noms propres auraient mieux fait notre affaire. Ce titre, en lettres de hauteur triple de celles du texte, avait une seule ligne, qui surmontait les deux *paginae ;* voir la reproduction d'un moulage dans COSTA, *Bull. Com.*, XLIII, 1915, pl. I (insérée après la page 72). En tenant compte de mesures scrupuleuses et en supposant vraie l'identification (à laquelle il ne croit pas plus que moi) du laudateur et de la morte avec Vespillo et Turia, COSTA, *loc. cit.* p. 40, n. 1, propose de compléter [*D.M. Turiae Q. Lucreti u*]*xoris.* — Entre le titre et la première ligne en partie conservée, donc au début de la *pagina I*, il y a une lacune d'environ 22 lignes.

Pagina I.

FRAGMENTS A, B, C.

1-2. Par curiosité, voir dans l'app. crit. les compléments proposés par Vollmer pour ces deux lignes si mutilées. On est en droit de supposer un éloge moral de la jeune fille.

ASSASSINAT DES PARENTS. — **3.** [*ante nuptiar*]*um diem* : SEN., *contr.* exc. VI, 6 ; sur ce complément, que rendent quasi certain les détails juridiques qui suivent (I, 13-26), *uid. sup.* p. LXIII et n. 2. — *utroque pa*[*rente*]... *una o*[*ccisis*] : d'après MOMMSEN, *Ges. Schr.*, I, p. 408, il s'agit du père et d'une belle-mère ; le père se serait remarié après avoir fait son testament et cela serait prouvé par le testament même ; Huschke, p. 172 et Karlowa, p. 810, maintiennent que *parentes* (cf. I, 6 ; 32 ; 37) ne peut désigner que le père et la mère ; *uid. sup.* p. lxxii. Ce double meurtre, commis peut-être par les esclaves des victimes (Mommsen, *Ges. Schr.*, I, p. 406 ; et *Droit pénal*, II, p. 368), paraît à placer lors des troubles qui marquèrent le début de la guerre civile en 49 ; Hirschfeld a cherché un complément dans une autre voie : [*a nefaria multi*]*tudine ;* cf. App. crit. Sur l'insécurité à cette époque, cf. ici II, 9a-11a ; Svet., *Aug.* 32, 1-3 ; Friedländer, *Sittengesch.*, 10e éd., I, p. 354-359 ; Hirschfeld, *Die Sicherheitspolizei...*, repris dans les *Kleine Schriften*, p. 591 ; *R.E.* et *Dict. Ant. s.u. latrocinium.*

4. *Macedo*[*niam*] : en 49 avec les Pompéiens ; Caes., *ciu.* III, 7, 1 et *uid. sup.* p. lxiii.

5. *seroris tua*[*e*] : I, 9 ; 15 ; 20 ; 26 ; 44. — [*C. Cluvius*] restitué d'après I, 16 ; 47 ; II, 9 ; cf. *P.I.R.*, 2e éd., II, p. 286, no 1203 ; *uid. sup.* p. lv et n. 1. — [*A*]*fricam prouinciam* : nom officiel de l'Afrique proconsulaire, habituellement dans l'ordre *prouincia Africa*, par ex. *Bell. Afr.* 8, 5 et sur les inscriptions *C.I.L.* XI, 5210 = Dessau 990 ; *Thes. s.u. Afri*, 1259, 4 ; de Ruggiero, *Diz. epigr. s.u. Africa*, p. 324 ; l'ordre *Africa prouincia* se trouve dans *Bell. Afr.* 26. 3.

6. *mors parentum* : cf. Avg., *Res Gest.* I, 2, *Qui parentem meum trucidauerunt, eos in exilium expuli iudiciis legitimis ultus eorum facinus*

7. *p*[*ietatis*] : Fustel, *Cité Antique*, liv. II, ch. IX : « les anciens donnaient aux vertus domestiques le nom de piété... ». — *ef* [*flagitando*] : *uid.* App. crit.

8. *uindicando* : sans doute employé absol., donc au sens juridique. En poursuivant les assassins, la défunte, tout en satisfaisant à la *pietas*, obéissait aussi à la règle qui contraignait les héritiers à faire punir les assassins du testateur sous peine de tomber sous le *crimen inultae mortis* et de ne pouvoir profiter du testament ; *Cod. Iust.* VI, 35, 6 (229 ap. J.-C.) et 9 (291 ap. J.-C.) ; *Dig.* X, 3, 9, pr. ; cf. F. de VISSCHER, *Les Edits d'Auguste découverts à Cyrène*, Louvain, 1940, Edit I, lignes 33-34 et p. 74, n. 5. Le texte de 229 fixe à 25 ans l'âge auquel cette poursuite était obligatoire, mais on n'en peut conclure que la défunte avait alors au moins 25 ans. Cf. CUQ, dans le *Dict. Ant. s.u. uindicatio*, 903, 8°. Si l'on suppose qu'un complément se trouvait dans la lacune, *uindicare* pourrait signifier punir ; CAES., *ciu.* III, 16, 4 ; SALL., *Iug.* 31, 18. Pour savoir dans quelle mesure le droit d'accusation était reconnu aux femmes, cf. MOMMSEN, *Droit pénal*, II, p. 37-38.

9. *communia* : à quoi s'opposera par ex. I, 26, *sola*. — [*s*]*anctissima femina* : *C.I.L.* 1^2, 1406 = VI, 28422 = DESSAU 8397, *heic sunt ossa Variae C.l. Glucerae feminae sanctissum*(*ae*), *frugi, piae ;* CIC., *Phil.* III, 16 ; VIRG., *Aen.* XI, 158 ; VAL. MAX., VIII, 15, 12 ; PL., *ep.* IX, 28, 1 ; APUL., *Apol.* 78, 1, *in feminam sanctam et pudicissimam ;* épithète très fréquente sur les inscriptions des Vestales, *C.I.L.* VI, 32414 = DESSAU 4930 ; *Thes. s.u. femina*, 461, 47 ; cf. G. LINK, *de vocis* Sanctus *usu pagano*, Diss. Königsberg, 1910, p. 74.

10. *Quae...* : ce début doit faire préférer le complément [*petito*] du *C.I.L.* au [*sumpto*] de MOMMSEN 1863, généralement reproduit ; puisque la jeune fille est partie de chez elle durant l'affaire, elle n'avait pas encore obtenu le châtiment des coupables ; cf. App. crit. — *dum* + *imparf. indic.* en ce sens depuis CIC., *S. Rosc.* 91 ; LEUMANN-HOFMANN, 5ᵉ éd., § 305 b, p. 743. — *agitabas* : I, 15 ; SALL., *Iug.* 66, 1, *nihil intactum neque quietum pati, cuncta agitare ;* avec un sens différent II, 42. — *domó* : sur la forme *Thes.* 1951 ; DESSAU, III, p. 850 ; sans doute la maison d'habitation d'une villa ; cf. I, 11 ; II, 11a ; sur ce sens de *domus*, PL., *ep.* V, 19, 8, *ut illi uilla, ut domus* (dans la villa) *pateat ;* VI, 16, 8 ; cf. VI, 20, 4 ; *uid. sup.* p. LX, n. 3. — *custodia*[*m*] : SEN., *Marc.* 22, 2, *corpus summa pudoris custodia* ; ici I, 39 et *Thes.* 1557, 72.

11. *nocentibus* : I, 3. — *euestigio* : en un mot (cf. *extemplo*), car, si les mots ne sont jamais séparés sur notre inscription, celle-ci, comme les *Res Gestae*, ne connaît pour la préposition que la forme *ex* (I, 10 ; II, 49) ; Hofmann, *Umgangssprache*, 2e éd., p. 84 ; Ernout-Meillet, *Dict. Etym.*, 2e éd., *s.u. uestigo*, p. 1055. — *domum* : I, 10. — *ma*[*tris meae*] : Mommsen 1863 avait proposé *ma*[*terterae*], puis s'est rallié au complément de Dürr ; cf. I, 32 ; Huschke, p. 169, a suggéré *ma*[*ritalem*] ou *ma*[*riti*] et supposait qu'ainsi en se rendant dans la maison du laudateur, elle l'avait épousé absent, nous dirions par procuration (*uid. sup.* p. LXIII, n. 2), ce qui rendrait moins surprenante l'attitude ultérieure de la défunte agissant plus en femme qu'en fiancée.

12. *aduentum* : après Pharsale, seconde moitié de 48 ; *uid. sup.*, p. LXIII ; synonyme de *reditus*, Cic., *Sest.* 131, *dies aduentus mei... reditusque* ; *Pis.* 51. — *expectasti* : *uid. sup. Orth.* p. LXXXV ; sur le compl. *Thes. s.u. aduentus*, 839, 83.

Testament du père. — Sur tout le passage *uid. sup.* Intr. p. LXVIII et suiv. — I, **13**, *Temptatae* : sur la forme Ernout-Meillet, *Dict. Etym.*, *s.u.*, 2e éd., p. 1024. Le sens n'est pas celui d' « attaquer » (Vollmer), mais à cause de la complétive introduite par *ut* (Dräger, *Hist. Synt.*, II, p. 259) celui qu'on a dans Cic., *Rosc. Am.* 13, *quid aliud hoc iudicio tentatur nisi ut id fieri liceat.*

Nos désigne le laudateur et sa fiancée selon toute vraisemblance ; cependant Vollmer, p. 575, y voyait les deux beaux-frères.

rup[*tum*] : cf. I, 18 ; 23 ; on appelait *ruptum* un testament rendu inopérant soit par la survenance d'un héritier-sien (ce serait le cas ici), soit par la révocation ; Girard, *Manuel*, p. 886, n. 3 ; Cuq, *Manuel*, 2e éd., p. 701, n. 8 ; Monier, *Cours*, I, § 339, p. 619 ; B. Kübler, dans la *R.E. s.u. Testament*, 1008, 9.

14. *Coemptione* : *Thes.* 1413, 20-21 (lire *ruptum* au lieu de *raptum*) ; avec la construction aberrante *facta cum uxore* (Marquardt, *Vie privée*, I, p. 41, n. 2) cf. *Gai.*, I, 114, *mulier facit coemptionem cum marito* et Serv., *ad Aen.* IV, 103, *mulier atque uir inter se quasi emptionem faciunt* ; sur le sens *uid. sup.* Intr. p. LXXII, et Girard,

Manuel, p. 165-166 ; MONIER, *Cours*, I, § 210 III, p. 368 ; § 211, p. 371 ; LEONARD dans la *R. E.* 198 ; sur la coutume en dernier lieu J. CARCOPINO, *Vie Quotidienne*, p. 101.

ita : ici commence en style indirect l'exposé des arguments des gentils qui s'opposaient au testament du père ; mais le *coemptione facta cum uxore* fait déjà partie de ces arguments.

15. *tutela* : c'eût été la tutelle légitime des gentils, dont on a ici mention pour la dernière fois. Sur cette tutelle *uid. sup.* p. LXXI et suiv. et *leg. XII tab.* V, 5, *si adgnatus nec escit, gentiles familiam habento* (cf. BRUNS, 7e éd., *ad loc.*) ; parmi les textes littéraires CIC., *Verr.* II, 1, 115, *Minucius quidam mortuus est ante ipsum praetorem ; eius testamentum erat nullum ; lege hereditas ad gentem Minuciam ueniebat.*

agitabant : I, 10.

reccidisse : tombée sous une tutelle testamentaire à la mort du père, la défunte, si le testament était rompu, tomberait sous une autre (*re-*) tutelle, la tutelle légitime des gentils ; *uid. sup.* Intr. p. LXIX, n. 4 ; on peut penser aussi à un emploi du composé pour le simple (LIV., II, 7, 8). Sur la forme NEUE-WAGENER, III, p. 367.

sororem : *uid. sup.* Intr. p. LXX ; — les compléments proposés pour cette ligne 15 par HUSCHKE et VOLLMER sont trop longs.

emancupata : à cette époque l'*emancipatio* marque le passage d'une tutelle à une autre (d'où la construction avec le datif. PL., *Bacc.* 92 ; CIC., *fin.* I, 7, 24, *in eo filio... quem in adoptionem D. Silano emancipauerat ;* HOR., *epod.* 9, 12 ; SEN., *ben.* I, 3, 6) ; ici la sœur est passée de la *patria potestas* à la tutelle de son mari Cluvius par suite d'un mariage *per coemptionem* ; ensuite l'*emancipatio* marque le passage à une indépendance totale ; P. FEST., 67, 20, *emancipati... aut hi qui ex patris iure exierunt aut hi qui aliorum fiunt dominii* (comme ici). Cf. MOMMSEN, *Ges. Schr.* I, p. 408, n. 1 et *uid. sup.* Intr. p. LXIX et n. 1 ; sur l'orthographe *Thes.* 442, 50 ; sur le sens 444, 75.

16. *Cluuio* : I, 5.

prae]sentia animi, TER., *Eun.* 769 (*Phor.* 957) ; CIC., *Mil.* 62.

17. *afui* : NEUE-WAGENER, II, p. 836 ; *C.I.L.* VI, 10241, l. 27, *afuturum.*

compertum habeo : *Thes. s.u. comperio*, 2058, 6 ; + interrogation indirecte depuis SALL., *Cat.* 29, 1, *neque... quo consilio foret satis compertum habebat.*

18. *Veritate* : la place du mot et l'absence de possessif me font croire que *ueritas* a ici son sens premier et abstrait; la défenderesse s'est bornée à dire la vérité : ce qu'elle savait des intentions de son père et de l'inexistence du lien gentilice (cf. HUSCHKE, in *Zeitschr. f. Rechtsgesch.*, V, 1866, p. 183) ; la traduction traditionnelle « par ta droiture » (cf. CIC., *Quinct.* 10) est moins satisfaisante.

caussam : sur orth. *uid. sup.* Intr. p. LXXXVI et *Thes.* 660, 8 (cf. QVINT., I, 7, 20) ; 1er ex. épigraphique *Lex repet.*, *C.I.L.* I², 198, l. 36 ; dernier ex. *C.I.L.* X, 7852, l. 4 ; 6 ; 14 (a. 69) ; cf. *Pap. Berlin* 8507, col. 2, l. 1, *caussam* ; J. MALLON *et alii*, *L'écriture latine*, Paris, 1939, pl. IX, n° 13 (ép. de Claude) ; cette orthographe est plus fréquente quand le mot est employé comme préposition (ici II, 32) ; sur le sens *Thes.* 688, 32 ; CIC., *Brut.* 273, *bonorum causa.* — V.A. GEORGESCU, *Etudes de philologie et de droit romain*, I, Bucarest-Paris, 1940, p. 219, n. 2, donne ici à *causa* le sens de procès ; le sens est plus général.

communem fait allusion à la défunte et au laudateur (I, 37 ; II, 37 ; 46), mais aussi à la sœur et s'oppose à I, 19, *sola possideres.* CIC., *Verr.* II, 5, 20, *communem populi Romani causam ; Caec.* 50, *rem et causam et utilitatem communem non relinquere.*

[t]utata es : LIV., XXVII, 6, 6, *dictator causam comitiorum tutabatur ;* XXXIV, 62, 9, *Carthaginienses iure finium causam tutabantur* (*iure* est construit comme *ueritate* de notre texte).

Testamentum : ici commence en style indirect l'exposé de la réfutation opposée par la défenderesse aux prétentions des gentils ; sur le complément de RUDORFF *uid. sup.* Intr. p. LXIX, n. 3.

19. *Teneremus* : *uid. sup.* Intr. p. LXX.

sola : ce qui eût été le cas si la défenderesse avait admis la rupture du testament et était par là devenue héritière ab intestat.

certa : *Thes.* 910, 65 ; CIC., *fam.* VII, 17, 1, *iam uideris certa aliqua in sententia constitisse...* ; le complément de MOMMSEN [*sententia*] est le plus satisfaisant, d'autant plus que le mot se construit avec l'A.c. I. : CIC., *Acad.* II, 148, *illi alteri sententiae nihil esse quod percipi possit uehementer adsentior ;* sur l'A.c.I. dépendant d'un nom, LEUMANN-HOFMANN, § 171 *in fine*, p. 588.

20. *acta* : dans le sens où nous parlons d' « actes notariés » et ici spécialement le testament ; *Thes. s.u. ago*, 1409, 46 ; CIC., *leg.* III, 11 ; PROP., II, 13, 18, *accipe... funeris acta mei ; Lex Corn.* ap. PAUL., *sent.* V, 25, 5, *qui rationes, acta, libellos, album... deleuerit, mutauerit ; ibid.* 10, *qui falsis instrumentis, actis, epistulis... usus fuerit.*

defensuram : *Thes.* 297, 57.

optinuisses : sur l'orthographe *uid. sup.* Intr. p. LXXXVI.

20. *partituram* : on admet communément qu'il y a ici une allusion à un legs partiaire, destiné à compléter la dot profectice reçue par la sœur ; MOMMSEN, *Ges. Schr.* I, p. 409 ; MONIER, *Cours*, I, § 381, p. 689 ; *uid. sup.* Intr. p. LXX.

21. *Sub condicionem* : tour exceptionnel ; on dit sans mouvement *sub condicione* (GAI., II, 144, *sub condicione heres institutus est*) et avec mouvement *ad condicionem* (CIC., *inu.* II, 73 ; *Verr.* II, 3, 146, *ad tuam ueniam condicionem*) ; sur le sens *Thes.* 132, 63 ; VLP., *Dig.* XXVII, 6, 11, 1, *cuiuscumque condicionis fuerit uel sui iuris uel alieni.*

tutelae : I, 15.

[*legem*] : ce complément de Mommsen peut s'appuyer sur des textes comme CIC., *part.* 98, *cum hereditatis sine lege aut sine testamento petitur possessio.*

22. *familia*[*e*] *gens* : *familia*, subdivision de la *gens* comme I, 32 ; CAES., ap. SVET., *Caes.* 6, 2 ; FEST., 83, 25, *gens Ae⟨mi⟩lia appellatur quae ex multis familiis conficitur* ;

Thes. 240, 81 ; *R.E.* 1983, 31 ; 1984, 63 ; Ernout-Meillet, *Dict. Etym.*, *s.u. famulus*, 2e éd., p. 329 ; — *gens*, lien de gentilité, par quoi pouvaient revenir à des parents éloignés un héritage, une tutelle : Cic., *Balb.* 56, *nesciebat praediorum nullam esse gentem ; uid. sup. ad* I, 15, *leg. XII tab.* V, 5 ; *Thes.* 1845, 61 ; *R.E.* 1176 ; sur le sens voir la discussion de Mommsen, *Ges. Schr.*, I, p. 411 et n. 2, qui explique : on ne pouvait prouver l'existence d'aucun lien gentilice pour notre famille (*familiae* serait un datif ; j'y vois un génitif, *uid. sup.* Cic., *Balb.* 56), notre famille ignorait tout lien gentilice (avec les adversaires, ajoute Karlowa, I, p. 810), cette sorte de lien ne survivant alors que dans quelques antiques *gentes ;* Mommsen écarte avec raison une seconde explication où *familiae* au datif désignerait les adversaires ; I, 24, *quia gentis eiusdem non essent*, apporterait un argument supplémentaire : la famille de la défenderesse ignore tout lien gentilice et, qui mieux est, les adversaires ne sont pas de sa *gens*. Vollmer p. 506 ne voit dans I, 24 qu'une reprise de I, 22 et comprend : il n'y avait pas de *gens* de la famille (mot à mot peu satisfaisant et qui me fait préférer l'exégèse de Mommsen), il n'y avait pas d'*agnati*,... puisque les adversaires n'étaient pas de la même *gens*. *Vid. sup.* Intr. p. LXXIII et LXXIV, n. 1.

[*cogeret*] : complément trop court, que Bücheler allongeait heureusement.

23. [*intenderent*] : Vollmer critiquait avec raison cet emploi absolu proposé par Mommsen et ajoutait [*rem*] (cf. I, 15 ; I, 25) ; j'ajouterais [*litem*] ; cf. Cic., *de or.* I, 42, *singulae familiae litem tibi intenderent.*

24. *Quia gentis... : uid. sup. ad* I, 22.

25. [*reuerentiae*] : complément séduisant, mais trop long ; cf. Vollmer, p. 507.

nos : la défunte et le laudateur, qu'elle a conservé comme cohéritier et tuteur testamentaire.

patrocinium : *C.I.L.* VI, 3828, l. 11, [*pat*]*rocinium succipere coloniae.*

succeptum : *C.I.L.* II, 136, *uoto succepto* ; la forme du préverbe *-sups-* a donné *suscipio* (*opscus* >*oscus*), la forme *sup-* a donné *succipio* (*supcado*〉 *succido*) ; cf. SERV., *ad Aen.* VI, 249, succipiunt *antique ; nam modo* suscipiunt *dicimus ;* NEUE-WAGENER, II, p. 911.

41 ANS DE MARIAGE. — **27.** *Rara sunt* : sur la fréquence des divorces, parmi les textes les plus fameux, SEN., *ben.* III, 16, 2, *postquam inlustres quaedam ac nobiles feminae non consulum numero, sed maritorum annos suos conputant ;* IVV. VI, 229-230, *sic fiunt octo mariti Quinque per automnos ;* cf. FRIEDLÄNDER, *Sittengesch.*, 10e éd., I, p. 285.

diuturna : *Thes.* 1645, 62 ; CIC., *Cluent.* 35.

finita : VLP., *Dig.* XXIII, 4, 2, *morte mariti finito matrimonio ;* CIC., *carm. frg.* (Bährens), 40, 4.

diuertio : ici II, 41 ; sur la forme *Thes.* 1637, 41 (cf. 1638, 56) et BÜCHELER, *Kl. Schr.*, I, p. 54. Dans une inscription métrique (*C.I.L.* X, 1230 = BÜCHELER, *C.E.* 739) un chrétien pourra dire : *coniugio nostro nec mors diuortia ponet ; Concordes animas Christus reuocabit in unum.*

28. *ad annum XXXXI* : cf. MOMMSEN, *Ges. Schr.*, I, p. 405, n. 1. Sans insister sur l'exemple historique d'Auguste et de Livie qui furent unis plus de 51 ans, les inscriptions attestent nombre de mariages fort longs ; voici quelques cas où le record de notre couple est battu : *C.I.L.* X, 7563 = BÜCHELER, *C.E.* 1551 C ; *C.I.L.* IX, 2501 = DESSAU 8142, 42 ans ; *C.I.L.* IX, 2103 = DESSAU 1526, 44 ans ; *C.I.L.* VI, 33087 = DESSAU 8401, 60 ans ; *C.I.L.* X, 4273 = DESSAU 8459, 68 ans et 10 jours.

sine offensa : PL., *ep.* VIII, 5, 1, *amisit* (*Macrinus*) *uxorem singularis exempli etiam si olim fuisset, uixit cum hac triginta nouem annis sine iurgio, sine offensa ; C.I.L.* VI, 20116 = DESSAU 8430 a ; la formule *sine querela* est beaucoup plus fréquente.

perduceretur : le sujet doit être *matrimonium* à tirer de *matrimonia ;* je ne crois pas à une construction impersonnelle.

uetust[*um*] : ce complément de MOMMSEN « cloche » selon VOLLMER, qui propose plus heureusement *uetust*[*as tam eximia habu*]*isset ;* je proposerais *uetust*[*a consuetudo habu]isset ;* cf. PETR., 80, 6, *uetustissimam consuetudinem ;* [QVINT.], *decl.* 279, p. 138, 22 (Ritter), *ueterem matrimonii consuetudinem ;* CIC., *nat. deor.* II, 103, *luna... uarias ipsa lucis mutationes habet.*

29. *uice* : ici II, 11 ; *C.I.L.* II, 3453 = BÜCHELER, *C.E.* 1194, *Mater, si poss[em], fili uice morte s[ubirem]* (lire *mortem*).

qua : construction maladroite, où *qua* reprend *uice mea* et signifie « si j'étais mort à mon tour » et en même temps introduit une proposition à sens causal (« car... ») ; il n'y a cependant pas à supposer une faute du lapicide, *qua* pour *quia*.

iustius erat : irréel ; BÜCHELER, *C.E.* 176 (sen. iamb.), *Oppia Calsiane mater feci filiae meae Quod aequom fuerat filia hoc faceret mihi ;* sur le lieu commun SEN., *Marc.* 10, 3, *omnes ego nostros, et quos superstites lege nascendi optamus et quos praecedere iustissimum ipsorum uotum est...* ; FRONTO, *de nep. amisso*, p. 234 (Naber) ; BÜCHELER, *C.E.*, 1478 (= *C.I.L.* VI, 22203), *hunc leges leti praeposterae eripuere matri, Quae ut annis morte quoq(ue) esset prior ;* cf. *ibid.* 1479 (et la note) à 1482 (AMBROS., *de exc. Sat.* I, 37) ; sur une idée voisine *ibid.* 164 (*Quod par parenti fuerat facere filium Mors immatura fecit ut faceret pater*) à 178 ; CIC., *Cat. m.* 84 ; on abuse de la formule au point qu'un fils l'emploie à contresens : *C.I.L.* VIII, 9513 = DESSAU 8144, *matri karissimae, quod tu... debuisti facere.*

cedere fato : LIV., XXVI, 13, 17 ; *C.I.L.* IX, 944.

VERTUS DOMESTIQUES. — **30.** *Domestica* : *Thes.* 1869, 51 ; oppose les qualités privées et banales (I, 33) aux qualités exceptionnelles (I, 34, *propria*) dont la femme a fait preuve dans les moments critiques ; cf. W. KROLL, dans le *Philologus*, 73, 1914, p. 281 (à propos d'Allia Potestas).

bona : *Thes.* 2101, 64 ; construit avec un génitif d'apposition ; CIC., *Tusc.* I, 109, *suis et propriis bonis laudis et gloriae non carent ; Mur.* 23 ; MART., VIII, 38, 2 ; TAC., *ann.* I, 4, 2, *bona libertatis.* — Sur les qualités traditionnelles de la femme romaine citons entre autres :

SEN., *Helu.* 16, 2 ; *C.I.L.* VI, 11602 = DESSAU 8402, *lanifica, pia, pudica, frugi, casta, domiseda ; C.I.L.* VIII, 11294 = DESSAU 8444, *mater bona, auia piissima, pudica, religiosa, laboriosa, frugi, efficaxs, vigilans, sollicita, uniuira, unicuba, totius industriae et fidei matrona,* textes qui prouvent combien cet arsenal de louanges était fourni. H. FOCILLON, *apud* PLESSIS, *Epitaphes*, p. XLVII, a noté que ces épithètes traditionnelles se raréfient sous l'Empire. Sur toute la question FRIEDLÄNDER, *Sittengeschichte*, 10e éd., I, p. 314-317.

pudici[t]iae : *C.I.L.* VI, 19128 = DESSAU 8451,... *Alexandriae insignis exempli ac pudicitiae, quae etiam filios suos propriis uberibus educauit.*

opsequi : désigne les sentiments d'obéissance et de déférence de la femme envers le mari ; *C.I.L.* X, 4167 = DESSAU 8411, *obsequens amicis ;* BÜCHELER-LOMMATZSCH, 1988, l. 15 (épitaphe d'Allia Potestas), v. 15, *Obsequioque prior nulla ;* cf. H. ARMINI, dans *Eranos*, XXIII, 1926, p. 15.

comitatis : *Thes.* 1791, 2 et 10 ; *facilitatis, Thes.* 75, 29 ; les textes rapprochent volontiers les deux mots (CIC., *Brut.* 148 ; *Lael.* 66) ; *comitas*, amabilité, s'oppose à *seueritas* (CIC., *or.* 34 ; NEP., *Att.* 15, 1) ; *facilitas*, facilité du caractère, qui mène entre autres à l'indulgence (LIV., XL, 45, 15, *facilitas censorum*).

lanificiis : plur. exceptionnel ; VITR., VI, 10, 2, *oeci magni in quibus matres familiarum cum lanificiis habent sessionem* (autre leçon *lanificis*).

[*adsiduitatis*] : complément de MOMMSEN impossible, le mot n'étant jamais construit avec le datif (CIC., *Brut.* 321, *adsiduitatem in causis*) ; le meilleur est celui de VOLLMER (cf. p. 508, l. 10 et ici App. crit.).

31. *superstitione* : CIC., *nat. deor.* I, 117, *non modo superstitionem tollunt in qua inest timor inanis deorum, sed etiam religionem quae deorum cultu pio continetur ;* II, 71.

ornatus : VLP., *Dig.* XXXIV, 25, 10, *ornamenta muliebria sunt... inaures, armillae, uiriolae, anuli,... aurum, gemmae, lapilli,... uittae, mitrae,...* ; à l'*ornatus* s'oppose le *mundus*, ensemble des objets de toilette (miroirs, boîtes à onguent). Notre héroïne n'avait rien à redouter de la loi somptuaire d'Auguste, édictée en 18 av. J.-C.

conspiciendi : *Thes.* 497, 38 ; Tib., I, 2, 70 ; *al.* ; Ov., *am.* II, 4, 42 ; Liv., VI, 4, 12.

cultus : *Thes.* 1334, 45 ; joint à *modicus*, *Thes.* 1332, 64 (Tac., *Agr.* 40, 5 ; Pl., *ep.* I, 22, 4 ; *Pan.* 83, 7) ; joint à *ornatus*, *Thes.* 1336, 25. Dans cet emploi *cultus* peut être le *cultus corporis* (soins des cheveux, de la barbe), le vêtement (Tac., *ann.* II, 75, 3, *Plancinam, quae luctum amissae sororis... laeto cultu mutauit*), dans un sens plus large, et qui unit les deux premiers, la mise, la toilette (c'est le sens ici et dans le titre de l'opuscule de Tertullien ; cf. Petr., 83, 7), enfin dans un sens plus large encore l'appareil (Sall., *Iug.* 33, 1, *Iugurtha contra decus regium cultu quam maxume miserabili Romam venit*). Il n'y a rien à tirer des définitions souvent citées (qui se réfèrent à des emplois africains ?) de Tert., *cult. fem.* I, 4, 2, *habitus feminae duplicem speciem circumfert, cultum et ornatum... Ille* (cultus) *in auro et argento et gemmis et uestibus deputatur ; iste* (ornatus) *in cura capelli et cutis.* Ces définitions sont à l'inverse de ce qu'on attend, mais si l'on compare II, 7, 2 où Tertullien emploie *ornatus* à propos de perruques, il est certain que pour lui *cultus* désigne la parure (bijoux, robes) et *ornatus* les soins de beauté (fards, postiches), auxquels il réserve le plus fort de son indignation.

[*Cur dicam*] : Cic., *Lael.* 11, *Quid dicam de moribus facillimis, de pietate in matrem,...* Ces formules de prétérition permettent au laudateur, même dans un panégyrique où il feint de ne vouloir signaler que les *propria*, de ne pas omettre les lieux communs des *laudationes*.

32. *caritate* : Cic., *part.* 56, *aut caritate mouentur homines ut deorum, ut patriae, ut parentum.*

familiae, génitif objectif, *C.I.L.* VI, 20674 ; Bücheler, *C.E.*, 249, l. 20, *pietate parentis*, par l'amour qu'il avait pour son fils. Définition de *familia* in *Cod. Iust.* VI, 38, 5 pr. ; ici sens étroit comme dans Pl., *Aul.* 2, *ego Lar sum familiaris ex hac familia, Vnde exeuntem me aspexistis*, plutôt que le sens large rencontré plus haut I, 22.

pietate : cf. *Thes. s.u. familia* 245, 23-24 ; ici I, 26.

aeque... ac : *Thes.* 1043, 58 ; AVG., *Res. Gest.*, IV, 30.

matrem : *uid. sup.* I, 11 ; après la mort de ses parents la jeune fille avait dû se retirer chez la mère de son fiancé.

parentes : *uid. sup.* I, 3 ; 6.

col]ueris : *Thes.* 1680, 44 ; ici I, 34.

33. *curaueris* : *Thes.* 1498, 3 ; construction rare avec un complément d'objet direct de chose (TER., *Andr.* 108, *funus ;* CATO, *or. frg.* 9, *cibaria*) autre qu'un pron. neutre ; le complément [*quietem*] est donc douteux ; VOLLMER propose [*nec minus*], mais *curare* + dat. pers. (ACC., *trag.* 113) est rare ; je proposerais [*idemque*] ou [*eademque*].

innumerabilia : CIC., *Acad.* II, 141, *haec et alia innumerabilia cum audiam.*

communia : ici I, 9 ; sur l'idée PL., *Pan.* 2, 2 ; HIER., *ep.* 108, 17 ; AMBROS., *ob. Val.* 23 ; *uid. inf.* I, 34 *propria* et la note.

34. *matronis* : *Thes.* 483, 66 ; oppose la femme mariée aux *uirgines* (CIC., *Sull.* 19) et surtout aux *meretrices.*

dignam : = *conueniens* (*Thes.* 1144, 21) ; *uid. inf.* II, 34.

famam : *Thes.* 214, 59.

colentibus : seul exemple avec ce complément (*Thes.* 1676, 82).

propria : asyndète adversative. A noter le désir du laudateur d'insister sur les mérites anecdotiques de la défunte (*uid. sup.* Intr. p. XCIV), alors que le fils de Murdia (*C.I.L.* VI, 10230 = DESSAU 8394, l. 20-26) lui faisait un mérite d'avoir été une femme comme les autres.

[*quorum pauci*] : le complément de MOMMSEN n'est guère défendable ; l'idée est que le laudateur ne retient que les mérites particuliers de son épouse et que peu de femmes ont eu l'occasion de connaître de telles épreuves et de rendre de tels services, car (*quae*, avec un sens causal ; *uid. sup.* I, 29, *qua*) le sort des femmes a pris soin que de telles conjonctures fussent exceptionnelles.

Donc j'accepte le complément de VOLLMER de la l. 34 *ac* [*perpaucae in tempora*], mais en le réduisant car il est trop long à *ac* [*paucae in tempora*] et sans hésitation celui de la l. 35 [*mulierum*], mais en le complétant car il est trop court [*mulierum benigna*] *fortuna* (cf. SEN., *ben.* VI, 11, 4).

36. *fortuna* : *Thes.* 1183, 68.

cauit : *Thes.* 636, 64 ; CIC., *off.* I, 141, *caueamus ut ea moderata sint.*

PATRIMOINE. — Sur ce développement cf. XEN., *Œcon.*, ch. VII à X.

37. *tuom* : sur l'orthographe *uid. sup.* Intr., p. LXXXV.

patrimonium, tutela, custodia, embarrassent les commentateurs, parce qu'il semble que le climat ne soit pas ici le même que celui des textes juridiques ; sur ce point *uid. sup.* Intr., p. LXXIV. La femme était entrée en possession de ce patrimoine après l'assassinat de ses parents, mais il devait se trouver sous la gestion du mari-tuteur ; cf. F. de VISSCHER, *Et. de Dr. Rom.*, p. 96, n. 4. Sur l'importance des questions d'argent dans les biographies, VAL. MAX., IV, 4, 11 ; PL., *nat.* VII, 129.

acceptum : LIV., XXXVII, 53, 8, *hereditatem a patre accepi.*

ab : sur l'orthographe *Thes.* 2, 51 ; *a parentibus*, *laud. Murd.* ligne 14.

diligentia : rapproché de *cura*, *Thes. s.u. diligentia* 1172, 70 (tableau comparatif), *s.u. cura* 1453, 69 ; 1454, 1.

38. *adquirendi* : *Thes.* 425, 59.

tutelam : avec *fortunae*, *Thes.* 1190, 53 ; APVL., *Met.* XI, 15 ; avec *gerere*, *Thes.* 1938, 57, formule juridique si fréquente qu'elle est déjà parodiée par PLAUTE, *Truc.* 254, *ecquis huic tutelam ianuae gerit* ?

40. *de hac parte* : dans le texte proposé par MOMMSEN *de* introduit un complément partitif de *multus ;* mais quand il est construit avec *de*, *omitto* n'est pas suivi d'un accusatif (CIC., *Verr.* III (*pr. Sic.*), 183, *omitto de melle ; Rab. Post.* 34, *de me omittamus*), donc le complément proposé par BÜCHELER et adopté par VOLLMER ([*itaque*]) est préférable ; cf. *Her.*, II, 16, 23, *de his partibus.*

propria : le mot oppose les qualités de la morte à celles du mari ; en I, 34, il les opposait à celles des autres femmes.

mecum : cet emploi réfléchi de *communicare* est exceptionnel et dû à une maladresse de style.

41. *sensibus* : Cic., *de or.* II, 148, *uultus..., qui sensus animi plerumque indicant* ; le mot fait allusion à la délicatesse et au désintéressement de la femme, non pas à son intelligence des affaires ; on peut compléter [*expli*]*casse.*

Libéralités envers des parentes. — **42.** *Liberalitatem* : Cic.,*off.* I, 42 ; II, 55.

plurumis : *uid. sup.* Intr. orthographe p. lxxxv.

necessariis : Non., 354, 9, *neque tamen solum de cognatis et affinibus, sed de amicis et familiaribus dicitur* ; Cic., *Sull.* 2, *L. Torquatus meus familiaris ac necessarius.*

praecipue après *tum* : Cic., *Verr.* II, 2, 2 ; *Phil.* VIII, 11.

pietati : I, 7 ; 26 ; 32 ; 50 (*pia liberalitate*) ; II, 2 ; 32 ; 39.

praestitisti : je suis resté fidèle à ma règle de suivre le texte du *Corpus* (*uid. sup.* p. liii, n. 4), mais il est évident que *pietati* sans complément a de quoi surprendre et que le complément *domesticae* de Dessau est préférable.

43. *nominauerit* : sur l'idée cf. I, 34.

dumtaxat : *Thes.* 2237, 77.

simillimam : I, 9.

44. *propinquas* : Cic., *off.* I, 58, qui établit la gradation descendante *parentes, liberi, domus, bene conuenientes propinqui.* Ces jeunes filles vivaient dans la maison et on pourrait leur comparer les fameux et si discutés *duo amantes* d'Allia Potestas (Bücheler-Lommatzsch, 1988, vers 28), si l'on admet l'exégèse qu'a tentée P. Rasi, dans les *Atti Ist. Veneto,* 73, I, 1913-14, p. 709.

45. *of*]*ficiis* : I, 38 ; II, 39 ; Cic., *off.* I, 42 ; II, 55.

domibus : sans prépos. Liv., XXVI, 12, 9 ; Tac., *ann.*

VI, 9, 3 ; au singulier on a Cic., *Phil.* II, 18, *te domi P. Lentuli esse educatum.*

apud nos : Cic., *Clu.* 27, *apud matrem educaretur* ; la réunion des deux expressions est fréquente ; Pl., *Mil.* 593, *domi nunc apud me est* ; Cic., *Verr.* II, v, 73, *domi esse apud sese archipiratos dixit duos* ; *Sest.* 41, *insidias apud me domi positas* ; *C.I.L.* VI, 2165 (*Act. Aru.* a. 87), II, 39, *domo apud mag(istrum)... cenarunt* (cf. *ibid.* IV, 41). Ce qui est curieux c'est le rapprochement de *domibus* VESTRIS et de *apud* NOS ; plutôt qu'une antithèse peu délicate qui opposerait les deux sœurs aux deux beaux-frères (cf. les lignes suivantes 46-49) les exemples cités me font voir là une redondance familière.

educauistis : *Thes.* 114, 31, avec la définition « *de nutriendo et de formandis moribus* ».

46. *uestrae* : la transcription du *C.I.L.* porte par erreur *nostrae.*

dotes : Cic., *off.* II, 55, *liberales autem qui suis facultatibus aut captos a praedonibus redimunt aut aes alienum suscipiunt amicorum aut in filiarum collocatione adiuuant.*

parastis : Pl., *Tri.* 731, *parata dos domist* ; *Thes. s.u. dos*, 2050, 58 ; la suite explique ce verbe : les deux sœurs n'ont fait que préparer les voies.

[*constitutas*] : complément douteux ; la remarque précédente montre que [*paratas*] ou [*pollicitas*] ou [*promissas*] serait plus juste.

47. [*comm*]*uni* : I, 18 ; 33 ; 37 ; 47; I a 9 ; II, 37 ; 45.

consilio : I, 47 ; 50 ; II, 5 ; 6 ; 8.

ego et C. Cluuius : I, 16 ; II, 9.

excepimus : Cic., *Phil.* XI, 27, *legiones conscripsit nouas, excepit ueteres* ; *Liv.*, XXX, 18, 9, *ni ex subsidiis tertia decima legio in primam aciem proelium dubium excepisset* ; dans le *Thes.* 1252, 22, il y a le faux-sens « recevoir » ; c'est ce que signifie au contraire *excipere* ici II, 17, *uulneribus exceptis* et Sen., *ben.* II, 35, 1.

48. *multaretis* : Pl., *nat.* XIV, 90, *iudex... mulierem... dote multauit* ; Svet., *Iul.* 2, *et sacerdotio et uxoris dote et gentilicis hereditatibus multatus.*

[*patrimo*]*nio, rem familiarem* : les agissements évoqués

ici ont lieu d'étonner ; si l'on ignore sous quel régime était marié le laudateur, on sait que Cluvius était marié *per coemptionem* (I, 16) ; donc sa femme *in manu* était passée dans la famille de son mari ; or nous la voyons décidée à doter des cognates qui ne sont même plus, juridiquement parlant, de sa famille et l'opposition entre un patrimoine d'une femme *in manu* et la *res familiaris* de son mari est contraire aux données juridiques ; il faut en conclure qu'il y avait entre la théorie et la pratique une différence considérable ; *uid. sup.* Intr., p. LXXV.

49. *in dotes dedimus* : *Thes. s.u. dos*, 2053, 14 ; VLP., *reg.* VI, 1 (GIRARD, *Textes*, 6e éd., p. 468), *dos aut datur, aut dicitur, aut permittitur.*

50. *concepta* : II, 42 ; *Thes.* 60, 69.

pia : générosité inspirée par l'amour de la famille (cf. I, 42).

52. *praetermittenda* : I, 34, *propria sunt tua...*

Pagina II.

FRAGMENT DE LA VIA PORTUENSE.

ÉVÉNEMENTS DE 49-48. — *Vid. sup.* Intr. p. LX et suiv.

2a. Le haut de la 2e colonne (y compris la ligne 1a occupée par le ... *u*]XORIS du titre courant de l'inscription) nous est fourni par le fragment de la Via Portuense exhumé vers 1898 (*C.I.L.* VI, 37053 ; *uid. sup.* Intr. p. XLIX). Ce fragment se rapporte à mon avis aux événements de 49-48 av. J.-C. et non, comme on l'a souvent soutenu, à ceux de 44-42, dont il ne sera question qu'à partir de II, 1. Sans méconnaître l'intérêt des tentatives de DESSAU (8393), influencé par HIRSCHFELD (*Kl. Schr.* p. 824) et de DE SANCTIS (*Att. Acc. Sc. Torino*, 1913, p. 270), je m'inspirerai des compléments de COSTA (*Bull. Com.* 1915, p. 33), parce qu'ils tiennent le mieux compte du nombre de lettres à restituer ; mais toutefois pour les lignes 6a, 7a, 8a, je propose des compléments nouveaux, avec des corrections aux lignes 3a, 9a, 10a.

fugae : fait allusion à la fuite du fiancé après la défaite de Pharsale ; César avait défendu aux Pompéiens de rentrer en Italie ; le mot n'a pas un sens péjoratif ; de même CIC., *Att.* XIV, 8, 1, *reginae fuga mihi non molesta est ; diu.* I, 59, *in illa fuga nobis gloriosa ;* toutefois *Att.* IX, 10, 4.

ornamentis : PL., *mil.* 1302, *aurum, ornamenta, uestem, pretiosa omnia ;* VARR., *l.l.*, IX, 22, *quae mulier suum instrumentum uestis atque auri ueteribus uocabulis appellat* ; des esclaves de la maison impériale portèrent le titre d'*ab ornamentis ; C.I.L.* VI, 8952 = DESSAU 1781 (cf. 1782 ; 1783), *Amoenus Messalinae Ti. Claudi Caesaris ab ornamentis.*

3a. [*ut ferrem mecum*] : ce complément par rapport à celui de DE SANCTIS [*tuis iuuisti me*] a le défaut de laisser *ornamentis* isolé, mais l'avantage d'éviter *cum* + parfait de l'indicatif, possible mais surprenant dans ce texte et l'obligation où l'on serait de faire dépendre aussi *locupletasti* de *cum ;* le complément de DESSAU [*diuenditis*] est impossible, car le laudateur doit d'après la suite avoir emporté les bijoux avec lui.

aurum : *Thes.* 1529, 27.

margarita : *Thes.* 392, 1 ; 393, 23 ; le neutre est attesté depuis l'époque d'Auguste. Sur des sacrifices semblables LIV., XXVI, 38, 5 ; APP., *ciu.*, IV, 39.

4a. [*detracta*] : ce complément d'HIRSCHFELD, repris par DESSAU est préférable à celui de COSTA [*decora*] ; l'objection de celui-ci que la défunte ne portait pas toujours ses bijoux sur elle, paraît naïve.

familia : *Thes.* 238, 53 ; PHAEDR., IV, 22, 23-24, *ueste, nummis, familia hominem exornauit.*

fructibus : FOWLER, *Cl. Rev.*, 1905, p. 263, admet le sens propre ; DE SANCTIS et COSTA, p. 25, le sens figuré, celui-là en précisant « revenus de la dot », celui-ci sans préciser « revenus en général » ; cf. TAC., *ann.* IV, 6, 4, *cetera publicorum fructuum* et l'expression des juristes *fructus purus*, le revenu net ; *Thes.* 1390, 60.

5a. *a*[*duersariorum*] : génitif partitif.

apsentiam : sur l'orthographe *uid. sup.* Intr. p. LXXXVI ; remarquer l'abstraction, qui est sans exemple avec un verbe comme *locupletasti.*

6a. [*Vitam*...] : Sur tout le sens de ce paragraphe je me sépare de Costa ; *uid. sup.* Intr. p. lx ; j'ai admis que le laudateur remerciait sa femme de l'avoir sauvé, mais elle avait ensuite trouvé appui auprès des Césariens sans toutefois s'être jamais abaissée. Je reprends à Costa le mot [*apse*]*ntis*, parce que Costa affirme (p. 26)' avoir vu sur la pierre avant tis les traces d'un n et sa planche me paraît lui donner raison ; Dessau, p. cxc, maintient qu'il s'agit d'un I.

uirtus : II, 19 ; 30.

7a. [*pietas*] : ayant pensé qu'il fallait tenir compte de l'*apex* de *clementia* et faire de ce mot un ablatif, j'ai dû chercher à *munibat* un sujet ; Costa le trouvait dans *uirtus* de 6a, mais cela me semble forcé ; *pietas* est un des leitmotive de notre *laudatio* (I, 7 ; 26 ; 32 ; 42 ; II, 2 ; 39).

munibat : Cic., *fin.* II, 84, *amicitia multorum et beniuolentia praeclare et tuebere et munies* ; Caes. ap. Cic., *Att.* IX, 7 c, 1, *haec noua sit ratio uincendi, ut misericordia et liberalitate nos muniamus.*

clementia : II, 19.

eorum : César et ses amis.

ea : les pieuses ruses auxquelles font allusion les lignes 4a-5a.

8a. *firmitate animi* : II, 15, *firmissimo* [*animo*] ; Ciceron parle volontiers de sa *firmitas animi*, *Att.* XII, 38, 3 ; 40, 3.

emissa : *Thes.* 506, 62.

Pour les lignes 7a et 8a les compléments de Dessau sont à rejeter, parce qu'ils ajoutent beaucoup trop de lettres : 27 et 30 au lieu de 12 ou 13.

9a. A partir d'ici je reviens aux compléments de Costa qui par *agmen* justifie le neutre *inrupturum* et a le premier lu l'*i* final de [*reiecist*]*i* à la ligne 11a. Toutefois à la ligne 9a je préfère *Interea* à *tunc*, et [*confe*]*rtis* ne pouvant admettre un complément introduit par *a*, je propose [*repe*]*rtis* ; enfin à la ligne 10a je supprime *actus* qui augmente trop le nombre des lettres restituées, d'autant plus que la trace d'un *s* avant *exul* est évanescente.

a Milone : *R.E. s.u.* T. Annius Milo, 2275, 59 ; admettre avec Costa qu'il s'agit de bandes miloniennes opérant huit ans après la mort de leur créateur est impossible à mon sens en l'absence de tout document ; *uid. sup.* Intr. p. LXI.

quoius : sur l'orhographe, *uid. sup.* Intr. p. LXXXV.

domus : l'apex indique qu'il s'agit d'un génitif singulier ou d'un acusatif pluriel ; je ne crois pas qu'on puisse supposer que le laudateur avait collectionné — goût singulier — les maisons de Milon exilé ; il vaut donc mieux y voir un génitif singulier ; *domus* doit désigner ici la maison du maître dans une villa.

10a. *exul* : II, 43 ; sur l'orthographe, *uid. sup.* Intr. p. LXXXV ; Milon fut exilé en 52.

belli ciuilis : en 48.

occasionibus : construction sans préposition, qui est exceptionnelle.

11a. *nostram* : la maison du laudateur, où sa fiancée s'était réfugiée après l'assassinat de ses parents (I, 11) ; contra Costa, p. 24, n. 2 ; p. 34, n. 1.

Fragments D-E.

II [**1** *bis*]. Les cachettes du proscrit de 43. — A partir d'ici le texte est celui des fragments D et E (*Vid. sup.* Intr. p. L), constitués par deux plaques juxtaposées entre lesquelles il y a une lacune de 0 m. 02 (2 lettres environ) et au bout de chaque ligne 0 m. 19 (15 lettres environ). Dans l'ensemble, si les compléments de Mommsen (*Ges. Schr.* I, p. 402 et *C.I.L.* VI, 1527) ne sont pas toujours pleinement satisfaisants (je le signalerai à l'occasion), ils sont préférables à ceux de Vollmer, beaucoup trop longs. Car la découverte du fragment de la Via Portuense a donné sur les dimensions de la pierre. et partant sur le nombre de lettres de chaque ligne des précisions qui justifient Mommsen et donnent tort à Vollmer.

[*non minus...*] : ce complément de Mommsen est fort criticable, parce que *a se* de la ligne 1 fait supposer que [*Caesar*] était sujet, que *debeo* ne se construit pas ainsi, que [*non minus*] et [*debeo*] seraient très maladroitement repris à la ligne 3. Le complément de VOLLMER est le meilleur ; celui de DESSAU est mal venu ; il a été de façon abusive inséré dans MOMMSEN, *Ges. Schr.*, I, p. 402, ce qui laisserait croire à tort qu'il remonte à l'article de MOMMSEN de 1863.

II, **1** *patriae redditum* : comme l'exilé ; CIC., *Sest.* 145, *quia me lugenti patriae... reddiderunt ; Mil.* 94 ; *Marc.* 13.

parasses : un des mots favoris du laudateur ; I, 46 ; II, 7a ; 35 ; 50.

seruaret devrait être suivi d'un accusatif ; aussi le complément de VOLLMER (*uitam*...) vaut-il mieux que celui de MOMMSEN.

2. *inaniter* : *Thes.* 829, 24 ; Ov., *met.* II, 618-619, *medicas exercet inaniter artes. Quae postquam frustra temptata...*

opes : le pluriel est plus compréhensif que le singulier ; l'appui n'est qu'une partie des possibilités, du pouvoir ; CIC., *Att.* IX, 16, 1, *iam opes meas, non ut superioribus litteris opem exspectat* (*Caesar*).

polliceretur : VOLLMER a modifié le complément de MOMMSEN sous prétexte que l'irréel du passé ne s'exprimait pas à cette époque par l'imparfait du subjonctif ; le tour adopté par MOMMSEN est défendu par des exemples comme CIC., *Cat. m.* 19, *num, si Scipio ad centesimum annum vixisset, senectutis eum suae paeniteret ?*

pietati : I, 7 ; 26 ; 32 ; 42 ; II, 2 ; 39.

me debeo : « je suis redevable de la vie... », ne paraît pas attesté ; pour rendre cette idée on dit communément *debeo uitam* (CIC., *fam.* VIII, 12, 1, *quem uitam mihi debere putaram* ; Ov., *Pont.* IV, 5, 31) ; parfois on fait suivre *debeo* d'une causale (*Thes.* 92, 76 ; 93, 27 ; APVL., *met.* II, 6, *ei totum debere quod uiues*).

II, **5** *eruam* : *Thes.* 845, 2 ; CIC., *leg. agr.* I, 3, *quod indagaris inueneris, ex tenebris erueris* ; HOR., *ep.* II, 115 ; LIV., *per.* 102, *ea coniuratio industria M. Tulli Ciceronis eruta est.*

ut : = *quomodo* et introduit une suite d'interrogations indirectes dépendant de *si attingere coner* (ligne 10) ;

Cic., *Rosc. Am.* 79, *quos neque ut conuenire potuerit... potes ostendere.*

inminentia : sur l'orthographe, *uid. sup.* Intr. p. lxxxvi 45 et *Thes.* 458, 23 ; cet emploi du participe Tac., *ann.* VI, 4, 2, *imminentium intellegens ;* Svet., *Vit.* 4, 5, *taedio praesentium et imminentium.*

6. *conseruatus* : *Thes.* 419, 70.

audaci[a abripi...] : le complément de Mommsen n'est pas satisfaisant, car *modestiora* (ligne 7) prouve qu'il y avait d'abord une allusion à quelque projet téméraire ; me servant du complément de Vollmer, mais en l'abrégeant, j'écrirais volontiers *audaci[ora moliri me]*.

7. *passá* : erreur d'apex ; sur laquelle, *uid. sup.* p. lxxxiv, n. 3.

cogitanti : avec pour complément un adjectif au singulier, Cic., *fin.* 5, 57, *nihil abiectum, nihil humile cogitant ;* au pluriel Qvint., XII, 1, 4, *cogitare optima simul ac deterrima ; Thes.* 1169, 17.

fida rece[ptacula] : on a pensé avoir là une allusion à la cachette dans la maison même du laudateur (Val. Max. VI, 6, 7, 2 ; *uid. sup.* Intr. p. lvii, n. 4) ; St., *Theb.* VII, 443, *fidi receptus.*

8. *sociosque consiliorum* : dep. Pac., *trag.* 81, *ciues... consiliorum socii ; Thes. s.u. consilium,* 441, 22.

seruandum : II, 1.

9. *Cluuium* : I, 16 ; 47.

coniuńcto : apex déplacé ; J. Christiansen, *De apicibus...*, Diss. Kiel, 1899, p. 25 ; même expression Cic., *fam.* 14, 9, 2, *cum... omnium nostrum coniunctum esset periculum.*

per[iculo] : Val. Max., VI, 7, 2, *non sine magno periculo suo ;* l'édit de proscription frappait les recéleurs des mêmes peines que les proscrits ; App., *ciu.*, IV, 7, τὸν ὑποδεξάμενον ἢ κρύψαντα ἢ τὴν ἔρευναν οὐ παρασχόντα τοῖς ἴσοις ἐνέχεσθαι.

10. *attingere* : *Thes.* 1146, 15 ; *uid. sup.* note à la ligne II, 5 sur *ut.*

mihi tibique : selon l'ordre habituel au latin.

salutariter : Planc., ap. Cic., *fam.* X, 23, 2, *ut... salutariter recipere me possem.*

La brutalité de Lépide. — **11.** *Acerbissumum* : Cic., *fam.* I, 9, 5, *non tamen tam acerba mihi haec accidebant quam erant illa grata quae fecerant.*

tamen : s'oppose à *sat est* (ligne 10).

in uita : Cic., *Att.* V, 20, 6, *in uita mea.*

tua uice : le sens est clair, pourtant je n'ai pas trouvé d'exemple où le mot soit employé avec la même nuance.

12. *patriae* : *uid. sup.* II, 1.

benificio et i[ud]icio : hysteronproteron ; pour être rayé de la liste des proscrits on faisait appel (*appellatio*) à l'*un* des triumvirs, qui par son droit d'intercession (ici *iudicium*) graciait (ici *beneficium*) ; Lépide peut dans le cas qui nous occupe faire opposition, car Octavien étant alors hors de Rome, son droit d'intercession pouvait être discutable ; Mommsen, *Droit public,* I, p. 301 ; Costa, *loc. cit.*, p. 35 et n. 1. Sur des proscrits sauvés par Octavien, Dio, XLVII, 7 ; et par Lépide lui-même, Cic., *Phil.* XIII, 8, *nemo ab eo ciuis uiolatus, multi eius beneficio et misericordia liberati.*

apsentis : sur l'orthographe, *uid. sup.* Intr. p. lxxxvi ; Cic., *ac.* II, 1, *absens factus aedilis ;* Liv., IV, 42, 1 ; Avg., *Res gest.* I, 31, *[Dic]tat[ura]m et apsenti et praesent[i mihi delatam]* ; Pl., *Pan.* 57, 4 ; 60, 1 ; sur le fait Dio, XLVII, 20, 1, Λέπιδος μὲν αὐτοῦ τήν τε πόλιν καὶ τὴν ἄλλην Ἰταλίαν διάξων, ὥσπερ εἶπον, ὑπέμεινε ; cf. App., *ciu.* V, 12; Dio, LXVIII, 5, 1 ; Zon., X, 21.

Caesaris Augusti : anachronisme ; Octavien n'aura le surnom d'Auguste que le 16 janvier 27 ; *Fast. Praen.* (*ad XVII k. febr.*), *Imp. Caesar Augustus est appellatus ;* Ov., *Fast.* II, 138 ; Svet., *Aug.* 7, 4 ; Vell., II, 91 ; Dio, LIII, 16, 8 ; cf. Drumann-Groebe, IV, p. 258 ; *R.E. s.u. Iulius* n° 132, X, col. 275.

13. *restitutione* : il s'agit non seulement de laisser revenir le proscrit, mais de le rétablir dans tous ses droits.

M. L[epi]dus : Sen., *suas.* VII, 6, *Lepidus..., utriusque collegae mancipium, noster dominus est ;* cf. Drumann-Groebe, I, p. 9.

conlega : sur l'orthographe, *uid. sup.* Intr. p. LXXXVI et AVG., *Res gest.* 6, 2 ; 8, 2-4 ; 10, 2 ; 22, 2 ; 34, 3 ; sur cette collégialité MOMMSEN, *Droit public*, IV, p. 446.

praesens : *uid. sup.* II, 12, *s.u. apsentis*.

14. *prostrata* : CIC., *Lig.* 5, *prostrati ad pedes*.

adleuata : SEN., *contr.* I, 1, 19, *cecidit in pedes meos senex... ; alleuaui...*

15. *rapsata* : d'après BÜCHELER, dans le *Rhein. Mus.* XLV, p. 159, *rapsare* (*Bell. Afr.* 75, 4 ; GELL., II, 6, 5) alterne avec *raptare* (anc. latin et époque d'Auguste), d'où l'importance d'une forme attestée épigraphiquement.

corporis : ajouté à *liuoribus*, parce que le mot *liuor* était employé surtout dans son sens métaphorique.

firmissimo : *Thes.* 817, 3.

16. [*admone*]*res* + génitif : depuis CIC., *top.* 5 ; SALL., *Cat.* 21, 4.

edicti : *Thes. s.u. edico*, 70, 34 ; les triumvirs avaient le *ius edicendi* et Octavien agissait ici en vertu de ses pouvoirs en fait de juridiction criminelle ; on a ici la préfiguration des édits impériaux ; cf. *C.I.L.* X, 4812, ligne 1 (*de aquis Venafr.*), [*ed*]*ict*[*um*] *imp. Ca*[*esaris Augusti...*] ;

Caesaris : *uid. sup.* II, 12.

gratulatione : *Thes.* 2249, 2, qui explique « *dicens te gratam fore, si restitutus essem ; sic in notionem* supplicationis *abit vox* » ; cf. CIC., *Cat.* IV, 10 ; *Pis.* 7.

17. *contumeliosis* : *Thes.* 804, 3.

crudelibus : *Thes.* 1227, 28 ; avec *uulnus*, VIRG., *Aen.* II, 561 ; *C.I.L.* III, 14910, ligne 6 ; cf. CIC., *red. in Sen.* 17, *tu adfinem tuam, filiam meam, superbissimis et crudelissimis uerbis a genibus tuis reppulisti.*

uolneribus : sur l'orthographe, *uid. sup.* Intr. p. LXXXV.

exceptis : *Thes.* 1255, 51 ; *C.I.L.* XI, 1421 (*Decr. Pis.*), *uolneribus pro republica exceptis ; exceptis... crudelibus fatis.*

18. *auctor periculorum* : *Thes.* 1203, 50 ; SEN., *ep.* 91, 5, *inuenit pericula sine auctore.*

Quoi : cf. QVINT., I, 7, 27.

nocuit : sur les dissentiments survenus entre Lépide et Octavien, Dio, XLVIII, 4 et 5 ; cf. Vell., II, 80, 2.

19. *efficacius* : sur l'erreur d'*apex uid. sup*. p. LXXXIV et n. 3 ; sur ce comparatif *Thes*. 162, 1 ; Pl., *Pan*. 84, 1 ; Val. Max., IV, 1, 5, *quid hac moderatione efficacius* ? cf. Hier., *ep*. 108, 3, *quid hac uirtute mirabilius* ?

praebere Caesari... : *uid. sup*. II, 1-2.

20. *custodia* : Cic., *Att*. IV, 1, 1, *in custodia salutis meae.*

spiritus : en ce sens, Cic., *Verr*. V, 118 ; *Phil*. X, 20 ; Virg., *Aen*. IV, 336.

importunam crudelitatem : Cic., *Cluent*. 177, *crudelis atque importuna mulier. ;* Liv., XXIX, 17, 20, *crudelissimus atque importunissimus tyrannus.*

22. *parcamus* : le laudateur ne doit penser qu'au développement sur la proscription de 43, car son discours est loin d'être terminé.

24. *titulum* : Ov., *Met*. VII, 56, *titulum seruatae pubis Achivae ;* Tac., *ann*. XII, 31, 7, *Ostorius seruati ciuis decus meruit* (allusion à la *corona ciuica*) ; Hier., *ep*. 108, 30, 1, *titulum castitatis martyrio coronauit.*

A CAUSE DE SA STÉRILITÉ LA FEMME OFFRE LE DIVORCE. — **25.** *Pacato orbe terrarum* : Vell., II, 89, 6, *pacatusque victoriis terrarum orbis ;* cf. Mommsen, *Ges. Schr.*, I, p. 417, n. 4.

restituta re publica : allusion aux décisions du 13 janvier 27 av. J.-C. ; Avg., *Res gest*. VI, 12, *In consulatu sexto* (28 av. J.-C.) *et septimo* (27 av. J.-C.)... *rem publicam ex mea potestate in senat[us populique Romani a]rbitrium transtuli ; Fast. Praen*. (à la date du 13 janvier), [*Rem publicam*] *p. R. restituit ;* Ov., *Fast*. 589, *redditaque est omnis populo prouincia nostro ;* Sall., *ad Caes*. I, 13 ; Vell., II, 89, 3, *restituta uis legibus ;* cf. Mommsen, *Droit public*, V, p. 2, n. 4 ; avant d'être *restituta* — rétablissement sincère comme le voulait Ferrero ou mensonger comme le pensent la plupart des historiens récents — la république était dite *oppressa* (Cic., *Sest*. 84) ; la « chose publique » et la « république » se confondaient encore pour un contemporain de l'astucieux Auguste.

26. *contigerunt* : *Thes.* 718, 37.

Fuerunt optati liberi : notre couple a-t-il eu des enfants ou non ? C'est là une des énigmes du texte. On peut hésiter en effet entre les deux sens : « Il y eut un temps où nous avons souhaité des enfants... » Ou bien : « Selon notre souhait nous eûmes des enfants... » ; l'usage de la langue ne permet pas de choisir, d'autant plus que la fin de la phrase est mutilée. On peut se rallier au premier sens, car rien dans le contexte ne permet d'affirmer qu'ils ont eu des enfants. Mais je me rallie au second, car il paraît plus naturel et semble appuyé par *fuerunt* et par l'ordre des mots ; par l'inversion, la copule prend un sens fort (Marouzeau, *Ordre des mots*, II (Verbe), Paris, 1938, p. 23 et suiv.) ; il s'agirait d'enfants morts en bas âge, deuil négligeable aux yeux des Anciens. Mommsen, *Ges. Schr.* I, p. 418 et n. 1, précisait que le ménage longtemps sans enfants (d'où le complément qu'il propose) avait eu une fille morte aussitôt (cf. Weiss, dans la *R.E.* s.u. *laudatio Turiae*, XII, 995) et il tirait argument de la *filia supstituta* de II, 53 ; il convient toutefois de ne pas oublier que cette allusion est elle-même fort obscure ; *uid. sup.* Intr. p. lxxv. L'ingéniosité des philologues étant extrême, Vollmer a su trouver entre les deux termes de l'alternative, qui paraissaient pourtant bien s'exclure, une solution intermédiaire ; pour lui ils ont eu des enfants sans en avoir ; il y aurait eu des « accidents » ; d'où son habile complément : *quos aliqua[mdiu spes nostra praeui]derat.*

aliqua[mdiu] : *Thes.* 1598, 73 ; sur l'orthographe cf. *C.I.L.* V, 5050, ligne 8 (édit de Claude *de Anaunis*).

27. *procedere* : *pati* + infinitif actif (et non *A.c.I.*) est exceptionnel en prose.

esset passa : l'inversion n'a pas ici la même cause qu'à la ligne précédente (*fuerunt*...) ; je crois qu'elle s'explique par l'importance donnée à *sollemnis inseruiens.*

sollemnis : attesté en ce sens pour nous dep. Cic., *Att.* VII, 6, 1, *nostrum illud sollemne seruemus ut...*, qui l'emploie déjà comme substantif ; cf. Svet., *Aug.* 56, 1, *more sollemni* (à propos d'une coutume politique).

iuseruie[ns] : TER., *Heaut.* 417-418, *amico... inseruire* ; — *sollemnis* à côté d'*inseruiens* sans coordination (LIV., XXIV, 46, 5, *strepitus... lentior deinde aequaliorque accidens auribus*), tient lieu d'adverbe, parce que *sollemniter* ne semble apparaître en ce sens que plus tard.

28. *defuit* : *Thes.* 785, 81, mais SEN., *contr.* 10 *praef.* 16 le texte *defuerit* est le meilleur ; sur ce tour CIC., *fin.* V, 87 ; LIV., XXII, 60, 17, *obsistere ac retinere conati sunt, ni... uiri fortissimi inertes submouissent.*

a[li]as : *Thes.* 1549, 9 ; la correction *a[et]as de* SIEBOURG, cité par VOLLMER, p. 511, est très séduisante ; la femme aurait vu venir l'âge où elle ne pourrait plus avoir d'enfants. Mais *a[et]as* n'est pourtant pas sûr, car la répétition de *procedere* avec des substantifs différents (*fortuna procedere..., procedens aetas...*) serait d'une maladresse surprenante même ici.

[f]iniebat : sur la forme *Thes.* 781 3.

agitau[eris] : *uid. sup.* I, 10.

29. *ingredi* : SALL., *Iug.* 42, 1, *eadem ingredientem Gaium.*

f [ors] sit an : sur la forme *uid. sup.* Intr. p. LXXXVI et *Thes.* 1137, 83 (cf. 1140, 5) ; sans verbe depuis VARR., *l.l.* IX, 60.

30. *in te* : CIC., *rep.* II, 18, *hoc... in Romulo admirandum* ; *de or.* II, 126.

admiranda : *Thes. s.u. admiror*, 744, 64 ; comme adj. depuis VARR., *l.l.* I, 46, 1.

conlata : sur la comparaison dans les éloges CIC., *de or.* II, 347, *sumendae autem res erunt... aut nouitate primae aut genere ipso singulares ;* 348, *est... comparatio in laudatione praeclara.*

[praetereo] : complément que paraît justifier le mouvement de prétérition de I, 30-34 ; mais le récit qui suit rend très préférable le complément de DESSAU [*iam eloquar*].

31. *diffidens* : *Thes.* 1102, 9.

fecunditati : cf. II, 33 et 50 ; *Thes.* 415, 18.

dolens : *Thes.* 1829, 22.

orbitate : le mot n'apporte aucun argument au sujet des

enfants du couple (*uid. sup.* II, 26), car si *orbus* se dit plutôt de la personne qui a perdu ses enfants (P. Fest. 195, 9, *orba est quae patrem aut filios amisit* ; cf. Pl., *Capt.* 763), l'adjectif, et partant son dérivé *orbitas*, peut s'appliquer à qui n'a jamais eu d'enfant (Gai. II, 111, *orbi, id est qui liberos non habent* ; *ibid.* 286[a]).

32. *deponerem* : Caes., *gall.* V, 19, 1, *omni deposita spe* (*Thes.* 579, 53).

eius : cet emploi de ce pronom neutre à un cas oblique depuis *C.I.L.* I², 535 (*lex agrar.*, a. 643-111, 34 ; 36 ; etc...), en abrégé (E.H.L.N.R.) ou en toutes lettres *C.I.L.* I², 589 (*lex Ant. de Term.*, a. 683-71), II, 30, ..., *eius hac lege nihilum rogatur* ; dans les textes littéraires depuis Caton (O. Riemann, *Et. sur... Tite-Live*, 2e éd., p. 97), mais l'expression *eius caussa* ne paraît pas attestée ailleurs.

caussa : sur l'orthographe, *uid. sup.* Intr. p. lxxxvi et *Thes.* 660, 20 (Qvint., I, 7, 20, *Ciceronis temporibus paulumque infra*) ; comme préposition -ss- jusqu'à *C.I.L.* VI, 2059, *Act. Aru.* a. 81, ligne 22, et -s- depuis *C.I.L.* I², 583 (*lex repet.*) et 584 (*sent. Min.*).

33. *elocuta* : emphatique ; avec *de* Mart. Cap., IX, 960 (*Thes.* 420, 49).

uocuam : sur la forme *uid. sup.* Intr. p. lxxxv ; sur l'expression cf. Sall., *Cat.* 15, 2, *pro certo creditur necato filio uacuam domum scelestis nuptiis fecisse* ; Liv., I, 46, 9 ; et dans Cic., *Cat.* I, 14, *nuper cum morte superioris uxoris nouis nuptiis domum uacuefecisses* et 16 *aduentu tuo ista subsellia uacuefacta sunt.*

34. *non alia mente nisi ut* : Cic., *Quinct.* 90 ; Liv. VI, 37, 2 ; Petr. 15, 5 ; *laud. Murd.* (*C.I.L.* VI, 10230 = Dessau, 8394) ligne 9 et Vollmer p. 488.

concordia : *Thes.* 85, 13 et les exemples cités (*C.I.L.* XII, 5293).

dignam : *uid. sup.* I, 34 ; employé absol. *Thes.* 1144, 21 (Virg., *Aen.* III, 318).

condicionem : Pl., *Truc.* 849, *ut aliam condicionem filio inueniat suo* ; *Tri.* 159, *ut eam in se dignam condicionem conlocem* ; Pl., *ep.* 1, 14, 9, *in condicionibus deligendis.*

36. *patrimoni* : *uid. sup.* Intr. p. lxxiv.

37. *commune* : *Dig.* 50, 4, 3, 17.

separationem : *Dig.* 27, 1, 3 (VLP.) = *Frg. Vat.* 186, *non numerus pupillorum plures tutelas faciat, sed patrimoniorum separatio;* à quoi s'oppose ensuite *indiuisum patrimonium.*

38. *ministerio* : *Dig.* 41, 2, 18, fr., *nam possidet cuius nomine possidetur; procurator alienae possessioni praestat ministerium.*

seiunctum : COLUM., XII, *praef.* 8, *nihil conspiciebatur in domo diuiduum, nihil quod aut maritus aut femina proprium esse iuris sui diceret, sed in commune conspirabatur ab utroque, ut cum forensibus negotiis matronalis industria rationem parem faceret.*

39. *soc[rusue]* : HIRSCHFELD, dans les *Wien. Stud.* III, p. 266, propose de compléter *soc[iae]*, et rapproche SALL., *Iug.* 80, 6 (à propos des femmes dans la polygamie), *nulla pro socia obtinet, pariter omnes uiles sunt.*

REFUS DU MARI. — **40.** *exarsisse* : *Thes.* 1180, 44; CIC., *de or.* I, 233, *cuius responso iudices sic exarserunt ut capitis hominem innocentissimum condemnarent.*

excesserim — *redderer* : sur l'alternance de temps RIEMANN-ERNOUT, *Synt.*, 7e éd., § 197, Rem. I, p. 374 ; cf. CIC., *Sull.* 32, *ecquem... aut tam sceleratum statuis fuisse ut haec omnia perire uoluerit aut tam miserum ut et se perire cuperet ; rep.* II, 11 ; CAES., *gall.*, VII, 17, 3 ; LIV., V, 45. 4 ; VIII, 36, 7 ; XXII, 40, 9 ; XXIV, 40, 9 ; XXVII, 34, 4 ; *excesserim* corresp. à *excessi* d'une proposition indépendante et l'auteur passe du parfait à l'imparfait narratif.

mente : *Thes.* 1206, 79 ; on aura chez les auteurs chrétiens *excessus mentis* dans un sens religieux : HIER., *ep.* 106, 17, *aliter... Latinus sermo* ἔκστασιν *exprimere non potest nisi mentis excessum.*

41. *Agitari* : *uid. sup.* I, 10 ; *Thes.* 1336, 76.

diuertia : *uid. sup.* I, 27.

42. *fato* : uid. sup. I, 29 ; et *inf.* II, 54.

aliquid... quare, sur cette sorte de pléonasme, cf. VOLLMER, p. 528° (add. ad. p. 488).

concipere : *uid. sup.* I, 50 ; *Thes.* 60, 71 ; SEN., *uit.*

beat. 20, 2, *alta temptare et mente maiora concipere quam quae... effici possunt.*

43. *exule uitá* : allusion au danger mortel couru durant la proscription de 44-43 ; *uid. sup.* II, 6 et sqq. ; c'est HIRSCHFELD (*Kl. Schr.*, p. 827) qui a vu le premier la construction évidente et fait de l'abl. *uita* le complément de *exule;* sans quoi *paene* n'a pas de sens, car les proscrits étaient au plein sens du mot des exilés (CIC., *parod.* IV, 31, *omnes scelerati atque impii, quos leges exilio adfici uolunt, exsules sunt etiamsi solum non mutarunt*) ; avec *exul* l'ablatif depuis SALL., le génitif depuis HOR. ; cf. TERT., *Apol.* 42, 1, *neque enim... sumus siluicolae et exsules uitae.*

44. *fuerit* : subj. de protestation (RIEMANN-ERNOUT, *Synt.*, 7e éd., § 168, p. 296).

cupiditas : d'autres au contraire trouvaient là un prétexte : VARR., *sat. fragm.* 553 B, *annos multos quod parere ea non poterat, mulierem foras baetere iussit;* PETR., 74, 15, *suadeo, inquit, non patiaris genus tuum interire.*

45. *fidem* : *Thes.* 690, 72 ; TAC., *ann.* XII, 14, 1, *exuendam ad fidem hostes emercari.*

46. *dedecore* : CIC., *dom.* 147, *domo... carere sine... meo dedecore ac dolore non possum.*

49. [*diffi*]*dentia* : *Thes.* 1100, 72 ; CIC., *tusc.* IV, 80, *diffidentia expectati et impendentis mali;* TAC., *hist.* I, 72, 3, *diffidentia praesentium.*

50. *alterius* : construit ἀπὸ κοινοῦ avec *coniugio* et *fecunditatem.*

coniugio : *Thes.* 324, 28.

DOULEUR DU VEUF. — **51,** *patiente* : HOR., *carm.* II, 3, 15, *dum res et aetas et sororum fila... patiantur.*

procedere : *uid. sup.* II, 27-28.

[*e*]*lato* : *C.I.L.* VI, 9730 = DESSAU 7419, *Gnome, Pierinis ancilla, ornatrix, elata est a. d. V. K. Februarias imp. Caes. XIII M. Plautio Siluano cos.* (a. 2 a. C.).

52. *iu*[*sti*]*us* : même idée, I, 29.

53. *super*]*stite* : VOLLMER donne au mot le sens juridique de *testis* (cf. ERNOUT-MEILLET, *Dict. Etym.*, 2e éd., *s.u. sto*, p. 983), ce qui ne s'impose pas.

excederem : + ablatif depuis LIV., XXXII, 10, 4 (*Thes.* 1206, 75). La pensée est obscure ; on s'attendrait à ce que la suite d'idées soit : « Si seulement j'étais mort le premier, non sans être sorti de l'*orbitas* en me faisant remplacer auprès de toi par une fille », suite d'idées qu'il est malaisé de retrouver dans le texte lacunaire qui nous est parvenu. *Excederes* donnerait un sens plus satisfaisant, mais la *laudatio* est gravée avec assez de soin pour qu'il soit interdit de supposer une aussi grave faute.

supstituta : d'après MOMMSEN, *Ges. Schr.* I, p. 418, n. 1, cette expression prouvait que les époux avaient perdu une fille et que le laudateur en avait adopté une autre une fois la femme décédée ; je ne vois là qu'une allusion à un projet d'adoption (*uid. sup.* Intr. p. LXXV). Cf. *C.I.L.* VIII, 26933 = BÜCHELER-LOMMATZSCH, 1873, 3, *Supstitui natum, qui colat semper larem.*

54. *fato* : *uid. sup.* I, 29 ; II, 42.

delegasti : VELL. II, 97, 2, *cura deinde atque onus Germanici belli delegata Druso.*

desiderio : *C.I.L.* III, 14529 = BÜCHELER-LOMMATZSCH, 2178, *cuius desiderio... dolet Vlp(ius) Valerianus; C.I.L.* XI, 1491, *cuius desiderio iuratus se post ea(m) uxore(m) non habituru(m)* ; joint à *luctus uid. inf.* II, 66 et cf. *Thes.* 697, 32.

tui : *uid inf.* II, 60.

55. *reliquisti* : *C.I.L.* VI, 9792 = ENGSTRÖM 383, *praecedere uoluisti sanctissima co(n)iux ut me relinqueres in lachrimis.*

[*a te destinatam adoptans*] : complément de MOMMSEN très douteux (*uid. sup.* II, 53, *supstituta*) et d'une imprudence peut-être inutile, car le § pouvait se terminer à *iudicia tu*[*a*].

56. *cogitata praescripta* : il s'agit des recommandations de la défunte qui avait dû souhaiter qu'il n'y eût pas de *laudatio*, mais le mari a passé outre à cause des mérites exceptionnels de celle qu'il pleurait ; cf. *Thes. s.u. cogito*, 1475, 47, où on lit : *cogitata*... « *syn.* praescripta. »

cedent : *Thes. s.u.* 728, 79.

ut sint : les lacunes rendent l'interprétation difficile ; *sint* a pour sujet *laudes* et l'idée est que l'éloge prouvera combien le mari regrette ce qu'il immortalise par son inscription. En tout cas le complément de MOMMSEN (24 lettres) est trop long et celui de VOLLMER est préférable.

57. *consecrat* [...] : on attendait *consecrandam* ; si la villa Albani était d'un accès plus aisé on aimerait vérifier de nouveau sur la pierre s'il n'y a pas eu confusion entre un T et la première haste d'un N ; il manquerait encore entre *memoriam* et *consecrandam* un *tuam* (cf. II, 12 ; 56) ou *tui* (II, 60). Enfin le *ad memoriam...* fait quelque peu double emploi avec *immortalitati*, reproche que n'évitent ni le complément de GERCKE, ni celui de VOLLMER. Cf. CIC., *Q. fr.* I, 1, 44, *amplissimis monimentis consecrare memoriam nominis tui.*

58. *fructus uitae* : LUCR. III, 1007 ; CIC., *Mur.* 48 ; avec le possessif FRONTO p. 41, 19 (Naber), *fructus uitae meae omnis in te constitui.*

derunt : sur la forme *Thes.* 778, 58 ; cf. *C.I.L.* II, 1963, I, 10.

occurrente : *scil. animo meo.*

59. *actis* : *Thes. s.u. ago*, 1407, 15.

resistam : CIC., *fam.* 5, 17, 3, (à un exilé), *ut... et dolori fortiter et fortunae resisteres.*

60. *crescere* : non attesté avec *memoria*, mais avec *fama* (OV., *met.* 9, 139) ou avec *honos* (OV., *am.* 2, 2, 39 ; *Pont.* 4, 12, 40) ; cf. *Thes.* 1182, 4 (y lire *tui* au lieu de *tuis*).

tui : comme II, 54, mais II, 12, *restitutione mea* ; 56, *laudibus tuis.*

statás : génitif partitif plutôt que de qualité.

61. *speculatricem* : CIC., *nat. deor.* III, 46, *deae... speculatrices... facinorum* ; — *p*]*ropugnatricem* : ἁπάξ, mais le masc. est fréquent. Ces féminins en *-ix* se rencontrent souvent sur les inscriptions funéraires ; cf. entre autres cet hexamètre bancal d'une dédicace campanienne à Vénus : *C.I.L.* X, 3692 = DESSAU 3170 = BÜCHELER 255, *satrix, seruatrix, amatrix, sacrificatrix.*

62. *fractum* : Cic., *Sull.* 15, *fractum calamitate.*

in promisso : allusion au *resistam fortunae* de II, 59 ; Cic., *off.* 1, 32 dit *promissis stare ;* Virg., *Aen.* 2, 160, *promissis manere;* Pl., *nat* ; XXIV, 99, 1, *in promisso;* remarquer l'allitération.

63. *Naturalis* : en ce sens avec *desiderium* (Sen., *Marc.* 7, 1), avec *dolor* (mais signifiant « sensibilité ») dans Cic., *Br.*, 93.

maerore : sur l'orthographe *Thes.* 41, 39 ; cf. *C.I.L.* I², 1603 ; *maerore mersor,* allitération non attestée ailleurs.

64. *necutro* : doublet exceptionnel de *neuter,* plus énergique ; cf. Birt, dans le *Rhein. Mus.*, XXXIV, 1879. p. 4 ; Leumann-Hofmann, § 84 a, p. 489 ; désigne *dolor* et *constantia* de II, 63.

consto : idée d'équilibre ; *Thes.* 528, 76 ; cf. Cic., *off.* 1, 71, *qui in rebus contrariis parum sibi constent;* Sen., *ir.*, III, 8, 6, *irati quidam constant sibi et se continent.*

casus : Cic., *tusc.* 3, 81, *de omni casu in quo nomen poni solet calamitatis.*

65. *famam* : II, 58 ; — le complément de Vollmer *n[on tam par pa]tiendo* est préférable, car il introduit un nominatif qui répond au *reseruatus* qui suit *quam.*

66. *desider*[*ium*] : II, 54 ; 57.

67. *Vltumum* : sur la forme *uid. sup.* Intr. p. lxxxv.

orationis : Mommsen, *Ges. Schr.*, I, p. 404, prenait argument de ce mot (cf. II, 22) pour refuser à notre inscription le titre de *laudatio; uid. sup.* Intr. p. lxxv.

68. *mandata* : allusion aux dernières volontés de la femme touchant ses obsèques ; *uid. sup.* II, 56, *praescripta* ; cf. V. Arangio-Ruiz, dans les *Font. Iur. Rom, Anteiust.*, III, Florence, 1943, p. 218, n. 2. Bücheler-Lommatzsch, 1982, *quod tua mandauit fieri suprema uoluntas, / hoc ego perfeci parens praecepto maritus;* cf. *Thes.*, *s.u. mando*, 267.

extra : = *praeterea* ; Sen., *ben.* VI, 15, 3, *aliquid mihi extra... debes.*

liberum : Cic., *Phil.* I, 12.

pr[*aestabo*] : *C.I.L.* XIV, 2605 = Bücheler 477,

praestiti quod potui,... unus amicus erat tantum mihi qui praestitit omnia semper honeste.

PRIÈRE. — **69.** *Mánés tui* : sur les *apices, Thes.* 293, 53. Les *manes* désignent les *di inferi* et les *di parentes*, d'où le *pluralia tantum;* puis l'âme individuelle du mort, d'où le complément au génitif depuis CIC., *Pis.* 16, *coniuratorum manes mortuorum* et *C.I.L.* XIV, 2464 = DESSAU 880, fin de la Républ. ; cf. MARBACH, *s.u.* dans la *R.E.* 1056, 59 ; sur le possessif *tui, Thes.* 298, 11 ; enfin la dépouille mortelle ou les cendres (VIRG., *Aen.* III, 63 ; PROP. II, 13, 32 ; LIV., XXXI, 30, 5 ; PL. *nat.* XI, 148 ; XII, 234 ; *C.I.L.* XII, 3464 = DESSAU, 8020, *L. Baebi Secundi ibi manes iacent*). Voir aussi E. GALLETIER, *Etudes sur la poésie funéraire*, Paris, 1922, p. 21-23 ; W. FOWLER, *Religious Experience*, Londres, 1922, p. 389 ; A. BREHLICH, *Aspetti della morte nelle iscrizioni sepolcrali dell' Impero Romano*, Budapest, 1937 (*Dissertationes Pannonicae*, I, 7), p. 21-25 : FR. BÖMER, *Ahnenkult und Ahnenglaube im alten Rom*, Beihefte z. Archiv. f. Religionsw., I, Leipzig-Berlin, 1943, p. 33 et suiv. Ainsi les mânes de la défunte sont à la fois les âmes de ses ancêtres et son âme à elle, qui décideront de la tranquillité de ses cendres désignées ici par *te* (cf. W. F. OTTO, *Die Manen*, Berlin, 1923, p. 58). La présence des *manes* est une protection : BÜCHELER, *C.E.* 197, 2, *uel assint quieti cineribus manes tuis*, à quoi s'oppose la malédiction de PROP. IV, 5, 3, *nec sedeant cineri manes*. Protection d'abord matérielle contre tous les dangers qui menacent les tombes (JACOBSEN, *Les Manes*, Paris, 1924, I, p. 87) ; protection spirituelle aussi : son âme assurera à la vertueuse épouse le repos physique et moral — *quietam patiantur* — (le δαίμων platonicien, PLAT., *Phaed.* 107 d et sqq. ; sur ce repos cf. DESSAU 7977-7981 a) et la protégera — *tueantur* — contre toute persécution d'outre-tombe. Dans cette formule se mêlent ainsi de très lointaines croyances et une idée philosophique plus récente. Le texte dont le rapprochement s'impose, mais sur quoi on a discuté, discute et discutera (on suivra moins S. REINACH, *Cultes,...* II, p. 135 et suiv. que

Ed. Norden, *Aeneis Buch VI*, 3e éd., p. 33-34), c'est Virg., *Aen.* VI, 743, *quisque suos patimur manes.* En analysant cette prière à l'aide de textes, d'inscriptions et de dissertations, je n'oublie pas qu'elle devait paraître aux passants qui la lisaient un *requiem aeternam dona ei, Domine*, qui n'avait pas besoin de commentaire théologique.

APPENDICE

LISTE DES PRINCIPALES *laudationes* ATTESTÉES.

Parmi les plus fameuses *laudationes*, on peut citer celles qui furent prononcées pour :

APPIUS CLAUDIUS en 470 avant J.-C. par son fils ; LIV. II, 61, 9 ;

CAECILIUS METELLUS en 221 par son petit-fils ; PL., *nat.* VII, 139 ; *uid. sup.* p. XLI ;

MARCELLUS en 208 par son fils ; LIV., XXVII, 27, 13 ;

FABIUS MAXIMUS entre 207 et 203 par son père le *Cunctator* ; CIC., *Cat. m.* 12 ; *uid. sup.* p. XXIII ;

SCIPION EMILIEN en 129 par Fabius Maximus (ou Q. Tubero d'après CIC., *de or.* II, 341), mais écrite par Laelius ; CIC., *Mur.* 75 ; *uid. sup.* p. XXXIX ;

POPILIA en 102 par son fils Lutatius Catulus ; CIC., *de or.* II, 44 ; *uid. sup.* p. XXI ;

SYLLA en 78 ; APP., *ciu.* I, 105 ;

CORNELIA en 68 par son mari César ; PLVT., *Caes.* 5 ; *uid. sup.* p. XVIII ;

IULIA en 68 par son neveu César ; SVET., *Caes.* 6 ; *uid. sup.* p. XXXIX ;

SERRANUS en 54 par son père, mais écrite par Cicéron ; CIC., *Q. fr.* III, 6, 5 : *uid. sup.* p. XL ;

CÉSAR en 44 par Antoine ; SVET., *Caes.* 84, 4 ; discours refait par DIO, XLIV, 36-49, qui est en désaccord avec APP., *ciu.* II, 144 ; cf. Shakespeare, *Julius Caesar*, act. III, sc. 2 ;

CAECILIA en 42 par son fils Atticus ; NEP., *Att.* 17, 1 ;

CLAUDIUS NERO en 33 par son fils Tibère ; SVET., *Tib.* 6 ;

MARCELLUS en 23 par Auguste ; DIO, LIII 30 5 ; *uid. sup.* p. XXIV ;

AGRIPPA en 12 par Auguste ; DIO. LIV. 28. 3 ;

OCTAVIE en 11 par Auguste et par Drusus I ; SVET.. *Aug.* 61 ; DIO. IV. 35. 4 ; *uid. sup.* p. XVIII ;

DRUSUS I en 9 par Auguste et par Tibère ; LIV. *per.* 142 ; etc... ; *uid. sup.* p. XXIV ;
VXOR ? (pseudo-Turia) en 8-2 par son mari ; *C.I.L.* VI 1527 et 37053 = DESSAU, 8393 ;
MURDIA par son fils ; *C.I.L.* VI, 10230 = DESSAU, 8394 ; *uid. sup.* p. XXI ;
AUGUSTE en 14 **après** J.-C. par Tibère et par Drusus II ; SVET., *Aug.* 100 ; discours refait par DIO, LVI, 34-41 ;
IUNIA, femme de Cassius et de Brutus, en 22 ; TAC., *ann.* III, 76, 3 ;
DRUSUS II en 23 par Tibère ; SEN., *Marc.* 15, 3 ; TAC., *ann.* IV, 12, 1 ;
LIVIE en 29 par Caligula ; TAC., *ann.* V, 1, 6 ; SVET., *Cal.* 10, 2 ;
TIBÈRE en 37 par Caligula ; SVET., *Cal.* 15, 1 ; DIO, LVIII, 28, 5 ; LIX, 3, 7-8 ;
CLAUDE en 54 par Néron, mais écrite par Sénèque ; TAC., *ann.* XIII, 3 ; SVET., *Ner.* 9, 1 ; *uid. sup.* p. XL ;
POPPÉE en 66 par Néron ; TAC., *ann.* XVI, 6, 3 ;
TITUS en 80 par Domitien ; DIO, LXVII, 2, 6 ;
VERGINIUS RUFUS en 97 par Tacite ; PL., *ep.* II, 1, 6 ;
MATIDIA en 119 par son gendre Hadrien ; *C.I.L.* XIV, 3579 ; *uid. sup.* p. XXI et XXXIX.

Pour le détail des références, VOLLMER, p. 478 et suiv.

BIBLIOGRAPHIE (1)

ACCARIAS (C.), *Précis de Droit Romain*, 4e éd., 2 vol., Paris, 1886.

ARANGIO-RUIZ (V.), dans les *Fontes Iuris Romani*, III (*Negotia*), Florence, 1943 (nº 69, p. 209).

— *Parerga*, Naples, 1945, p. 10-17. ch. 3 : Il caso giuridico della cosidetta « Laudatio Turiae ».

BARBIERI (G.), *Laudatio* et *Laudatio Turiae*, dans le *Diz. Epigr.* De Ruggiero, IV, 15, 1947, p. 471.

BRAUNSCHVIG (M.), *La Femme dans la littérature latine*, Paris, 1918 (p. 46 et suiv. Reproduction du texte avec coupures).

BRUNS (G.) - GRADENWITZ (O.), *Fontes iuris Romani*, 7e éd., Tubingen, 1909 (nº 126, p. 321-326).

BÜCHELER (C.), cité par Vollmer, p. 487, comme lui ayant suggéré des compléments.

C.I.L. = *Corpus Inscriptionum Latinarum*, VI, 1527, texte établi par Henzen d'après Mommsen ; 31670, adjonctions diverses, en particulier d'après Hirschfeld dans *Wien. Stud.*, III, 1881, p. 265 et suiv. ; 37053, fragment de la Via Portuense.

COSTA (G.), *Ancora sulla Laudatio Turiae*, dans le *Bull. Com.*, XLIII, 1915, p. 3-40 (article essentiel sur le fragment de la Via Portuense, reproduit d'après un moulage planche I, qui est insérée dans le volume après la p. 72).

CRAWFORD (O.C.), *Laudatio funebris*, dans le *C. J.*, XXXVII, 1941, p. 17-27.

CUCHEVAL (V.), *Histoire de l'Eloquence romaine depuis la mort de Cicéron...*, I, Paris, 1893 (p. 18-23 ; appendice II, p. 348-362, texte et traduction d'après Ch. Giraud).

1. Je ne signale pas ici les ouvrages généraux cités selon les abréviations traditionnelles : *Dict. Ant.*, *Ernout-Meillet*, *P.I.R.*, *R.E.*, *Thes.*, etc... Pour la bibliographie concernant la *laudatio* en général et antérieure à 1863, voir VOLLMER, pp. 447-448.

CUQ (E.), *Les Institutions juridiques des Romains*, 2e éd., 2 vol., Paris, 1904-1908.

— *Manuel des Institutions juridiques des Romains*, 2e éd , Paris, 1928.

DEGENKOLB (H.), juriste cité par Mommsen, *Ges. Schr.*, I, p 397, comme lui ayant suggéré des compléments.

DESSAU (H.), *Inscriptiones Latinae selectae*, Berlin (no 8393 ; cf. *Addenda*, p. CXC).

DÜRR, cité par Hirschfeld, dans les *Wien. Stud.*, III, 1881, p. 265, comme lui ayant suggéré des compléments.

DURRY (M.), éd. de Pline le Jeune, *Panégyrique de Trajan*, Paris, 1938 (Introd. p. 27 et suiv.).

— *Laudatio funebris et rhétorique*, dans la *Rev. Phil.*, 1942, p. 105-114.

FABRETTI (R.), *Inscriptionum antiquarum...*, 1re éd., Rome, 1699 (p. 168, cf. p. 226, no 323 ; fragments D et E).

Florilegium Latinum, édité chez Teubner, IV, Leipzig, 1912 (p. 57-62 ; reproduction du texte de Dessau).

FOWLER (Warde W.), *On the laudatio Turiae and its Additional Fragments*, dans la *Class. Rev.*, 1905, p. 261 et suiv. ; — repris dans *Roman Essays and Interpretations*, Oxford, 1920 (p. 126 ; défend l'identification Vespillo-Turia).

—, *La Vie sociale au temps de Cicéron*, Paris, 1917, (p. 131).

FRIEDLÄNDER (L.), *Darstellungen aus der Sittengeschichte Roms...*, 10e éd. par WISSOWA (G.), 4 vol., Leipzig, 1919-1923 (en part. I, p, 313).

GALLETIER (E.) - HARDY (G.), *Roma*, Paris, Hachette, 1912 (p. 68-71, reproduction du texte avec coupures).

GATTI (G.), *Notizia di recenti trovamenti...*, dans le *Bull. Com.*, XXXVI, 1899, p. 61-63.

GERCKE (A), *Tirocinium philologicum Bonnense*, p 49 (corr. à la ligne II, 56).

GIRARD (P.F.), *Mélanges de Droit Romain*, I, Paris, 1912 (p. 369-373).

—, *Manuel élémentaire de Droit Romain*, 8e éd., Paris, 1929 (p. 166, n. 3 ; 223, n. 3 ; 897, n. 1).

—, *Textes de Droit Romain*, 6e éd., Paris, 1937 (p. 817-821).

GIRAUD (Ch.), *L'Eloge funèbre d'une Dame romaine*, dans le *Journal des Savants*, 1870, p. 397-413 et 515-523 (avec la mention « la suite à un prochain cahier », mais cette suite n'a jamais paru).

—, *Iuris Romani antiqui vestigia*, Paris, 1872 (p. 230, reproduction du texte).

GUIRAUD (P.), *Lectures historiques. Histoire Romaine*, 7e éd.,

Paris, 1914 (p. 80-83, reproduction de la traduction Ch. Giraud avec coupures).

—, *Contiones*, 10e éd., Paris, s.d. (p. 428, reproduction du texte avec coupures).

HIRSCHFELD (O.), *Epigraphica*, dans les *Wien. Stud.*, III, 1881, p. 265.

—, *Die sogenannte Laudatio Turiae*, dans les *Wien. Stud.*, XXIV (Bormannheft), 1902, p. 233-237 ; repris dans *Kleine Schriften*, Berlin, 1913 (p. 824).

HÜBNER, *Exempla...*, Berlin, 1885, nº 1033.

HUSCHKE (E.), *Zu der Grabrede auf die Turia*. Römische Ehe, Coemptio, Ruption des Testaments, Lex Voconia, Ius gentilicium, dans la *Zeitschr. für Rechtsgesch.*, V, 1866, p. 167-192 article précédé — p. 161-166 — d'une reproduction du texte de Mommsen).

KARLOWA (O.), *Römische Rechtsgeschichte*, 2 vol., Leipzig, 1885-1901 (en part. I, p. 810-811).

LAFAYE (G.), dans le *Dict. Ant. s.u. laudatio* (col. 996).

LEFEBVRE (Ch.), *Leçons d'introduction générale à l'histoire du Droit matrimonial français*, Paris, 1900 (p. 146-151).

MARINI (G.), *Iscrizioni... delle Ville e de' Palazzi Albani*, Rome, 1785 (p. 142, fragment A et p. 136, fragments D et E).

—, *Gli Atti... de' fratelli Arvali*, Rome, 1795, I (p. 38, fragment B).

—, *Indicazione antiquaria per la villa Albani*, Rome, 1803 (p. 107 et fig. ; volume que je n'ai pu me procurer).

MARQUARDT (J.), *Vie privée*, 2 vol., Paris, 1892 (I, p. 417-422 ; cf. en part. p. 421, n. 2).

MARTHA (Constant), *L'oraison funèbre chez les Romains*, dans la *Rev. des Deux-Mondes*, 1877, XXI, p. 654; repris dans *Etudes morales*, Paris, 1883 (p. 1-59).

MOMMSEN (Th.), *Zwei Sepulcralreden aus der Zeit Augusts und Hadrians, I : Grabrede auf die Turia*, Gemahlin des Q. Lucretius Vespillo consuls 735, gestorben zwischen 746 u. 752 der Stadt, dans les *Abhandlungen der Königl. Akademie der Wissenschaften zu Berlin*, 1863, p. 455-489 ; repris dans les *Gesamm. Schriften, Iuristische Schriften*, I, Berlin, 1905, p. 395-421. (Cette réédition est due à Hirschfeld, qui y a inséré à sa place le fragment de la Via Portuense ; c'est elle que nous citons. Ce mémoire est sans conteste le plus important qui ait été consacré à notre texte ; de lui date la résurrection de notre héroïne ; il demeure et demeurera fondamental.)

MONIER (R.), *Manuel élémentaire de Droit Romain*, I, 3e éd., Paris, 1941.

ORELLI, *Inscriptionum Latinarum... collectio*, 2 vol., Rome, 1828 (nº 4859, fragments A, D, E ; t. II, p. 352 est reproduite la note de Ph. della Torre).

PETIT (Ph.), dans *Ann. de Droit de Louvain*, VI, 1937-38, p. 506.

ROSSI (J.-B. de), *Relazioni dei lavori fatti dal sottoscritto per il C.I.L. dal Nov.* 1855 *all' ott.* 1856, dans les *Monatsberichte der Königl. Preuss. Akademie der Wissenschaften zu Berlin* (titre traduit dans le *C.I.L.* : *act. min. acad. scient. Berol.*), 1856, p. 566 (découverte à la Bibl. Nat. à Paris de la copie par Sirmond du fragment C).

—, *L'Elogio funebre di Turia*, dans les *Studi e documenti di Storia e diritto*, I, 1880, p. 11 et pl. I.

RUDORFF, juriste cité par Mommsen, *Ges. Schr.*, I,p. 418-421, comme lui ayant soumis des objections et des compléments nouveaux.

SANCTIS (G. de), *Note di epigrafia romana*. I, *La orazione funebre di Turia*, dans les *Atti Acc. Sc. di Torino*, XLVIII, 1913, p. 270-275.

—, dans l'*Enciclop. ital.*, *s.u.* Turia, XXXV, p. 554.

SCHANZ-HOSIUS, *Geschichte der römischen Literatur*, tome II, Munich, 1935 (§ 334 a, p. 337-338 ; § 356, p. 401 ; cf. I, § 19, p. 38-39).

SIEBOURG, cité par Vollmer, p. 511 et suiv., comme lui ayant suggéré des compléments.

SOLAZZI (S.), *Interdizione e cura del prodigo nella legge delle XII Tavole*, dans les *Studi in onore di P. Bonfante*, I, 1929, p 47-69 (en part. p. 54).

TORRE (Ph. della), dans Calogerà, *Raccolta d'opuscoli*, XXVIII, Venise, 1743, p. 131-139 (note reproduite dans Orelli, II, p. 352).

VAGLIERI (D.), *Di un nuovo frammento del cosi detto elogio di Turia...*, dans les *Notizie degli Scavi*, 1898, p. 412-418, dans les *Atti della R. Acc. dei Lincei*, a. CCXV, 1898, ser. Vº, vol. VI, pars 2 (publication du fragment de la Via Portuense).

VAN OVEN (J. G.), *Laudatio Turiae*, I, 13-26, à paraître dans les *Mélanges F. de Visscher*, Louvain, 1949.

VISSCHER (F. de), *La curatelle et l'interdiction des prodigues*, dans les *Mélanges Cornil*, 2 vol., Gand-Paris, 1926, II, p. 539-611 ; — repris avec des corrections dans *Etudes de Droit Romain*, Paris, 1931, p. 23-107 (en part. p. 92-97).

VOLLMER (F.), *Laudationum funebrium Romanorum historia et reliquiarum editio*, dans les *Jahrbücher für class. Philologie*, XVIIIer Supplementband, 1892, p. 445-528º (essentiel; cité ici VOLLMER).

—, dans la *Real. Encycl. s. u. laudatio* (en part. col. 992, l. 24).

WEISS (E.), dans la *Real-Encycl. s. u. laudatio Turiae* (col. 995).

INDEX DES MOTS DE L'INSCRIPTION[1]

[1]. Les chiffres romains renvoient à la *pagina*, les chiffres arabes à la ligne.

INDEX DES NOMS PROPRES

TABLE DES MATIÈRES

Ce volume,
de la Collection des Universités de France,
publié aux Éditions Les Belles Lettres,
a été achevé d'imprimer
en décembre 2002
sur presse rotative numérique
de Jouve
11, bd de Sébastopol, 75001 Paris

N° d'édition : 4526
Dépôt légal : décembre 2002

Imprimé en France